对外汉语本科系列教材

语言技能类(一年级)

看图说话

下　册

丁永寿　编绘译

北京语言大学出版社

(京) 新登字 157 号

图书在版编目（CIP）数据

看图说话 一年级·下/丁永寿编绘译.
—北京：北京语言大学出版社，2003 重印
对外汉语本科系列教材
ISBN 7 - 5619 - 1008 - 8

Ⅰ. 看⋯
Ⅱ. 丁⋯
Ⅲ. 汉语 - 口语 - 对外汉语教学 - 教材
Ⅳ. H195.4

中国版本图书馆 CIP 数据核字（2001）第 083630 号

责任校对：顾秀丽
责任印制：乔学军
出版发行：北京语言大学出版社
社　　址：北京海淀区学院路 15 号　邮政编码 100083
网　　址：http://www.blcup.com
印　　刷：北京北林印刷厂
经　　销：全国新华书店
版　　次：2002 年 4 月第 1 版　2003 年 3 月第 2 次印刷
开　　本：787 毫米×1092 毫米　1/16　印张：11.25
字　　数：72 千字　印数：4001 - 9000 册
书　　号：ISBN 7 - 5619 - 1008 - 8/H·01109
　　　　　2002 DW 0048
定　　价：23.00 元
发行部电话：010 - 82303651　82303591
　　　传真：010 - 82303081
E-mail：fxb@blcu.edu.cn

目 录

第 十 六 课　Lesson 16 ……………………………………………… (1)
第 十 七 课　Lesson 17 ……………………………………………… (10)
第 十 八 课　Lesson 18 ……………………………………………… (18)
第 十 九 课　Lesson 19 ……………………………………………… (27)
第 二 十 课　Lesson 20 ……………………………………………… (35)
第二十一课　Lesson 21 ……………………………………………… (44)
第二十二课　Lesson 22 ……………………………………………… (51)
第二十三课　Lesson 23 ……………………………………………… (59)
第二十四课　Lesson 24 ……………………………………………… (67)
第二十五课　Lesson 25 ……………………………………………… (75)
第二十六课　Lesson 26 ……………………………………………… (84)
第二十七课　Lesson 27 ……………………………………………… (93)
第二十八课　Lesson 28 ……………………………………………… (102)
第二十九课　Lesson 29 ……………………………………………… (111)
第 三 十 课　Lesson 30 ……………………………………………… (120)
词 语 表 ……………………………………………………………… (131)
补充生词 ……………………………………………………………… (149)
参考试卷(Ⅳ) ………………………………………………………… (162)
参考试卷(Ⅴ) ………………………………………………………… (165)
参考试卷(Ⅵ) ………………………………………………………… (168)
试卷参考答案 ………………………………………………………… (171)

第十六课

1. 这是什么？（A）
What is it?

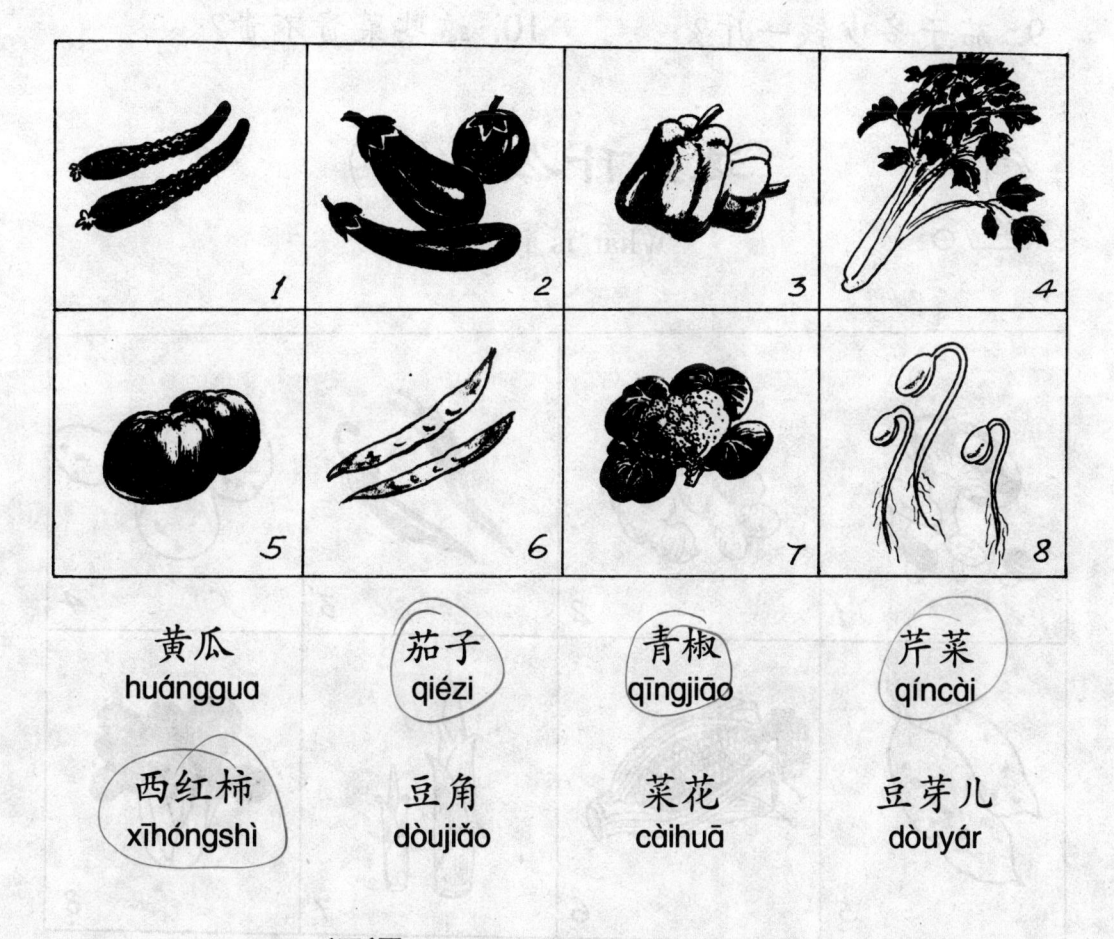

1	2	3	4
5	6	7	8

黄瓜 huánggua 　　茄子 qiézi 　　青椒 qīngjiāo 　　芹菜 qíncài

西红柿 xīhóngshì 　　豆角 dòujiǎo 　　菜花 càihuā 　　豆芽儿 dòuyár

❖ 词语 Words and expressions ❖

1. 炒　　chǎo　　stir-fry
2. 凉拌　liángbàn　(of food) cold and dressed with sauce
3. 烧　　shāo　　stew after frying

❖ 问题 Questions ❖

1. 你喜欢吃什么菜？　　　　2. 你不喜欢吃什么菜？
3. 哪些菜可以凉拌？　　　　4. 哪些菜要炒了吃？
5. 哪些菜要烧了吃？　　　　6. 黄瓜多少钱一斤？
7. 西红柿多少钱一斤？　　　8. 青椒多少钱一斤？
9. 茄子多少钱一斤？　　　　10. 这些菜贵不贵？

2. 这是什么？（B）

What is it?

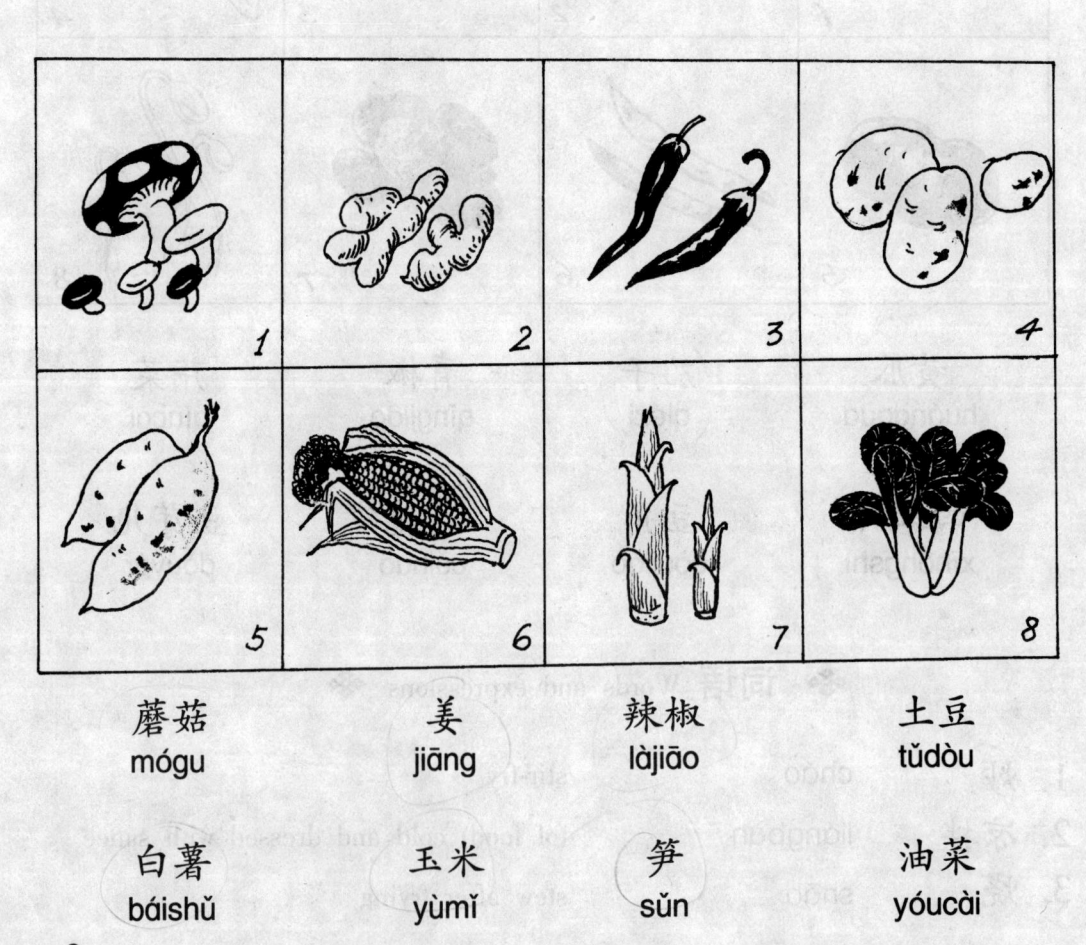

1	2	3	4
蘑菇 mógu	姜 jiāng	辣椒 làjiāo	土豆 tǔdòu

5	6	7	8
白薯 báishǔ	玉米 yùmǐ	笋 sǔn	油菜 yóucài

· 2 ·

词语 Words and expressions

1. 烤　　kǎo　　　　　roast; bake; toast
2. 煮　　zhǔ　　　　　boil; cook
3. 蒸　　zhēng　　　　steam
4. 四川　Sìchuān　　　Sichuan Province
5. 湖南　Húnán　　　　Hunan Province
6. 常常　chángcháng　often

问题 Questions

1. 你喜欢吃蘑菇吗?
2. 你们国家的人吃姜吗?
3. 你知道在中国哪些地方的人爱吃辣椒?
4. 你会用土豆做几种菜?
5. 你喜欢吃烤白薯吗?
6. 你喜欢吃煮玉米吗?
7. 你们国家的人吃笋吗?
8. 你常常吃油菜吗?

3. 看图说话
Talk about the pictures

来一碗面汤

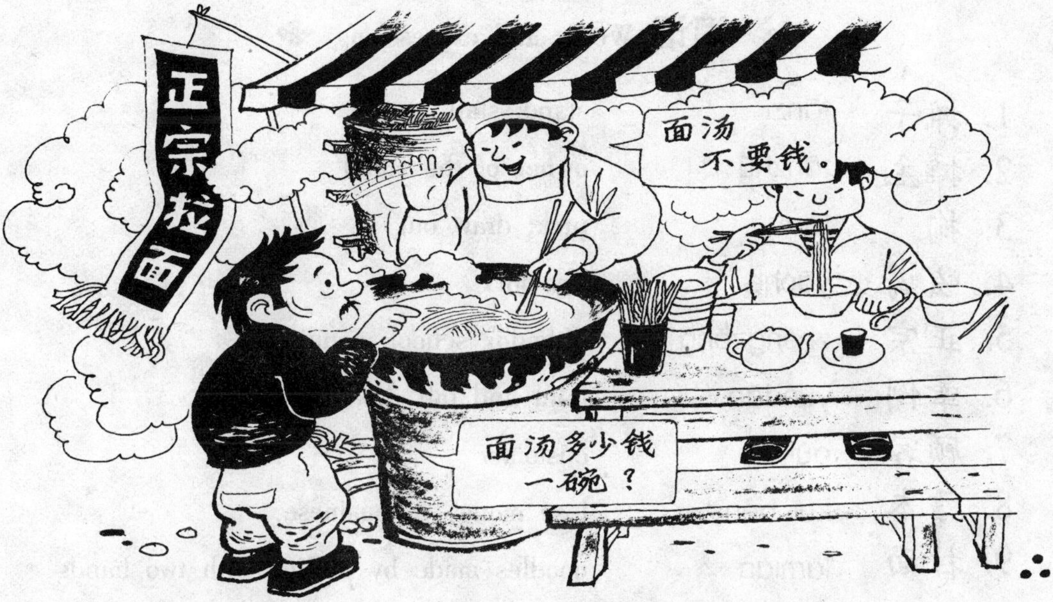
正宗拉面
面汤
不要钱。
面汤多少钱
一碗？

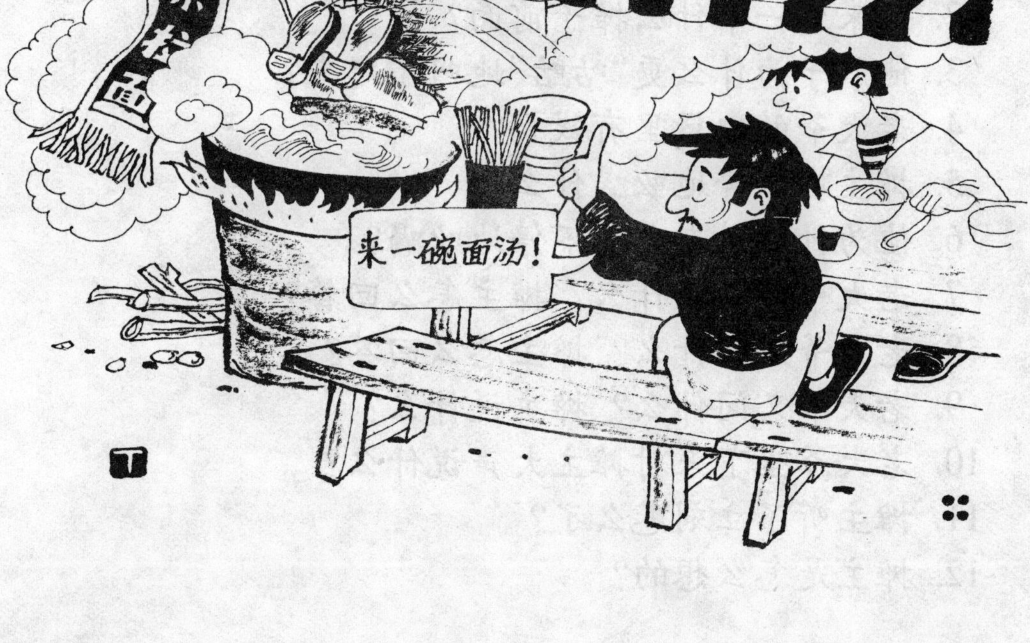
正宗拉面
来一碗面汤！

词语 Words and expressions

1. 摊子　　tānzi　　　　stand; stall
2. 摊主　　tānzhǔ　　　owner of the stand
3. 掏　　　tāo　　　　　pick; draw out
4. 吆喝　　yāohe　　　　cry out
5. 正宗　　zhèngzōng　　orthodox school; genuine
6. 晕倒　　yūndǎo　　　faint and fall down
7. 顾客　　gùkè　　　　customer
8. 亏本　　kuī běn　　　lose money in businese
9. 拉面　　lāmiàn　　　noodles made by pulling with two hands

问题 Questions

1. 这位老大爷肚子饿了吗？
2. 他来到一个什么摊子前面？
3. 他肚子为什么更"咕咕"地叫了起来？
4. 老大爷的口袋里有钱吗？
5. 摊主在不停地吆喝什么？
6. 他为什么对老大爷不停地吆喝？
7. 老大爷问摊主什么？摊主怎么回答？
8. 老大爷又问什么？摊主怎么回答？
9. 老大爷又问什么？摊主说什么？
10. 老大爷坐下来对摊主大声说什么？
11. 摊主听了立刻怎么了？
12. 摊主是怎么想的？

❖ 复述 Retell ❖

这位老大爷肚子很饿。他来到一个卖面条儿和包子的摊子前,闻到一股香味儿,肚子更"咕咕"地叫了起来。他掏了掏口袋,口袋里一分钱也没有。可是摊主在不停地对他吆喝:"正宗的拉面啊!热乎乎的包子啊!老大爷,您想吃点儿什么呀?"

老大爷问摊主:"面条儿多少钱一碗?"

摊主回答:"四块一碗。"老大爷又问:"面条儿里有汤吗?"摊主回答:"有汤,热乎乎的!"

老大爷又问:"面汤多少钱一碗?"摊主摆摆手笑了笑,说:"汤不要钱。"

老大爷这才坐下来,对摊主大声说:"来一碗面汤!"

摊主听了立刻晕倒。要是顾客们都像这位老大爷那样,他就要亏本了!

4. 对话
Dialogue

麦克：玛丽，听说中国有一些小菜，是在
Màikè: Mǎlì, tīng shuō Zhōngguó yǒu yìxiē xiǎocài, shì zài
早晚喝粥的时候
zǎo wǎn hē zhōu de shíhou
吃的。你知道吗？
chī de. Nǐ zhīdao ma?

玛丽：知道。有酱萝卜头、
Mǎlì: Zhīdao. Yǒu jiàngluóbotóu、
腌黄瓜、咸鸭蛋、臭豆腐……
yānhuánggua、xiányādàn、chòudòufu……

豆腐
dòufu

麦克：等一等！你说什么？臭豆腐？
Màikè: Děng yi děng! Nǐ shuō shénme? Chòudòufu?

玛丽：对，臭豆腐，王致和的臭豆腐，很有名。
Mǎlì: Duì, chòudòufu, Wáng Zhìhé de chòudòufu, hěn yǒumíng.

麦克：豆腐我知道。麻婆豆腐，我很喜欢，可是
Màikè: Dòufu wǒ zhīdao. Mápódòufu, wǒ hěn xǐhuan, kěshì
臭豆腐是什么东西？臭的吗？
chòudòufu shì shénme dōngxi? Chòu de ma?

玛丽：对，越臭越好。中国人说臭豆腐，
Mǎlì: Duì, yuè chòu yuè hǎo. Zhōngguórén shuō chòudòufu,
闻起来臭，吃起来香。
wén qi lai chòu, chī qi lai xiāng.

麦克：真不可思议！
Màikè: Zhēn bù kě sīyì!

玛丽：那 有 什么？ 我们 欧洲人 不是 也 吃
Mǎlì: Nà yǒu shénme? Wǒmen Ōuzhōurén búshì yě chī

一 种 臭奶酪 吗？
yì zhǒng chòunǎilào ma?

麦克：说 得 对！我 就 爱 吃 臭奶酪，而且……
Màikè: Shuō de duì! Wǒ jiù ài chī chòunǎilào, érqiě……

玛丽：越 臭 越 好！
Mǎlì: Yuè chòu yuè hǎo!

词语 Words and expressions

1. 粥　　　　zhōu　　　　　gruel; porrige
2. 酱　　　　jiàng　　　　　jam
3. 腌　　　　yān　　　　　pickle
4. 咸　　　　xián　　　　　salty
5. 臭　　　　chòu　　　　　stink; foul smell
6. 豆腐　　　dòufu　　　　bean curd
7. 不可思议　bù kě sīyì　　　unimaginable; incredible
8. 奶酪　　　nǎilào　　　　cheese
9. 王致和　　Wáng Zhìhé　　name of a person; the name of the brand of strong-smelling preserved bean curd
10. 闻　　　　wén　　　　　smell

第十七课

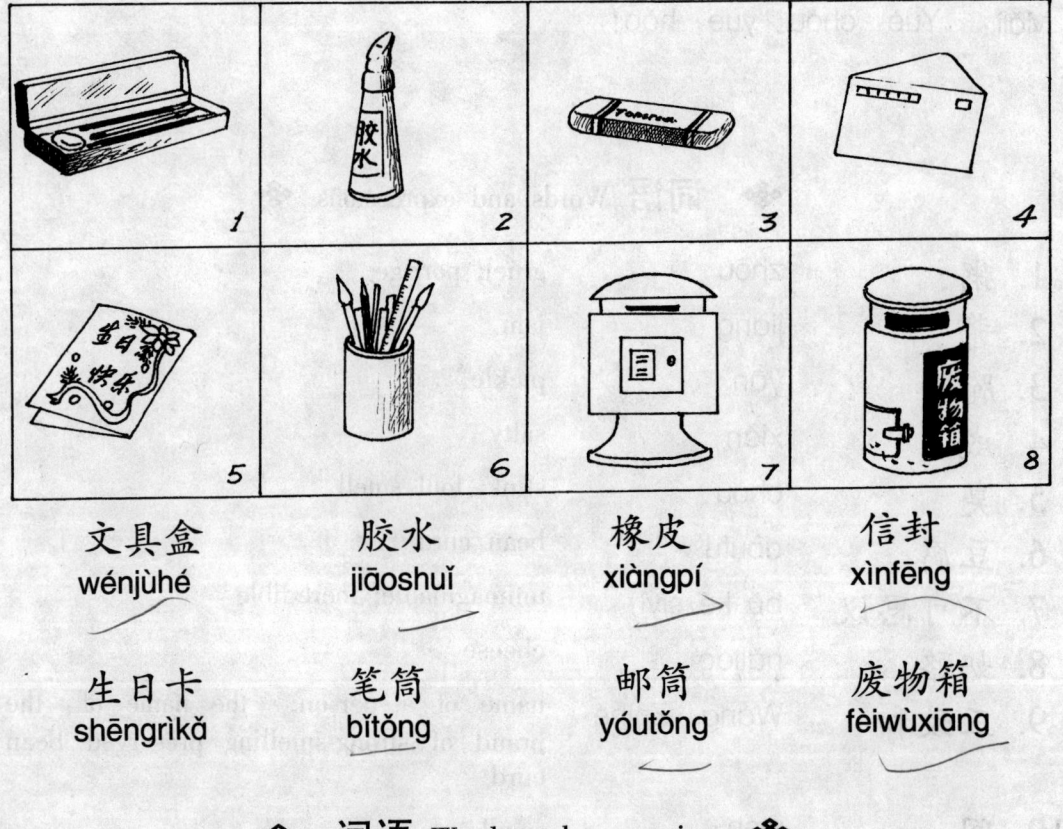

1. 这是什么？（A）
What is it?

文具盒 wénjùhé	胶水 jiāoshuǐ	橡皮 xiàngpí	信封 xìnfēng
生日卡 shēngrìkǎ	笔筒 bǐtǒng	邮筒 yóutǒng	废物箱 fèiwùxiāng

❖ 词语 Words and expressions ❖

贴　　　　tiē　　　　　　stick

❖ 问题 Questions ❖

1. 你有文具盒吗？文具盒里有什么？
2. 你用什么贴邮票？

3. 写错了要用什么擦？
4. 你有信封吗？
5. 朋友过生日的那天你给他寄什么？
6. 你有笔筒吗？
7. 你们学校里的邮筒在哪儿？
8. 教学楼里有废物箱吗？

2. 这是什么？（B）

What is it?

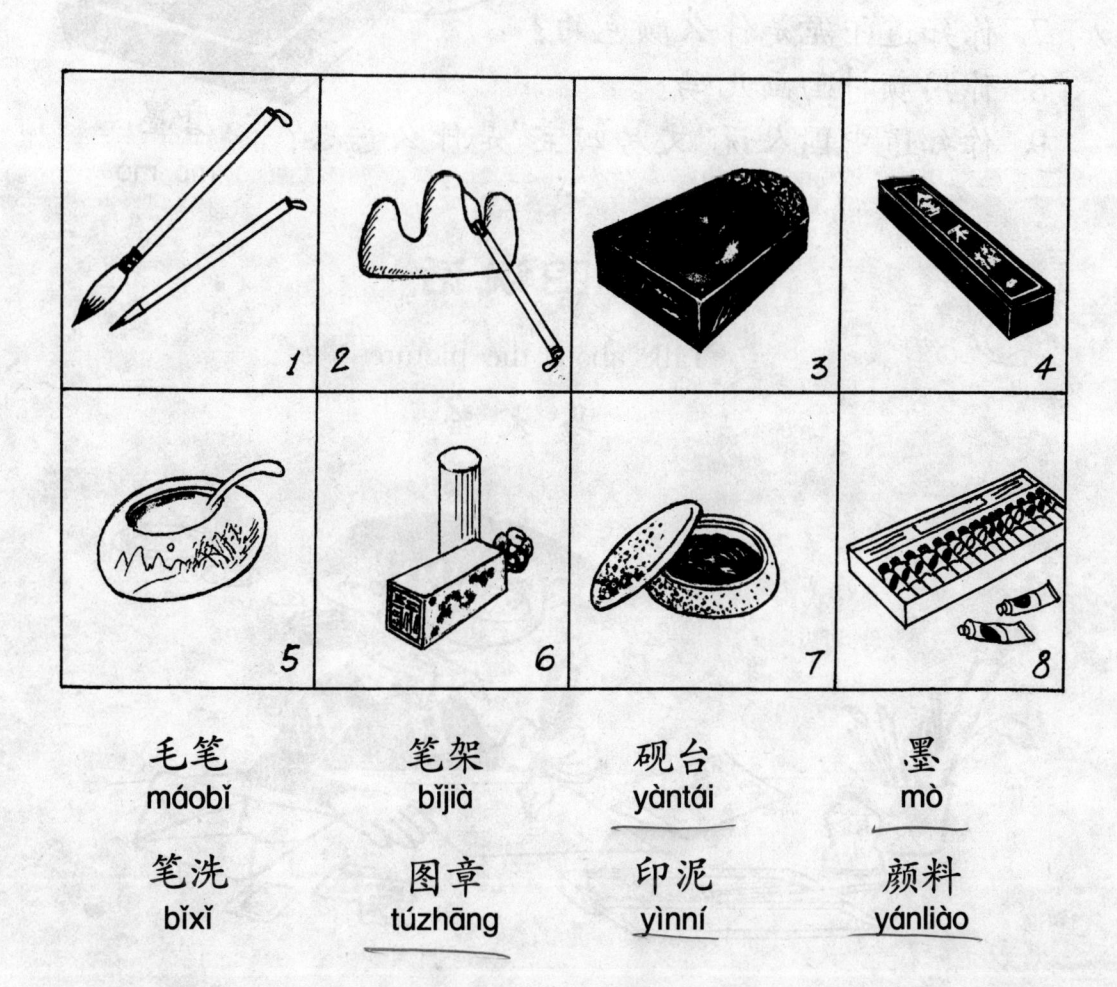

毛笔　　　　笔架　　　　砚台　　　　墨
máobǐ　　　　bǐjià　　　　yàntái　　　　mò

笔洗　　　　图章　　　　印泥　　　　颜料
bǐxǐ　　　　túzhāng　　　　yìnní　　　　yánliào

词语 Words and expressions

磨　　mó　　　　rub

问题 Questions

1. 你会用毛笔写字吗?
2. 用完毛笔要放在哪儿?
3. 你想不想买一块砚台带回国送朋友?
4. 你会磨墨吗?
5. 练完书法应该在哪儿洗笔?
6. 你有图章吗?
7. 你知道印泥是什么颜色的?
8. 你用颜料画画儿吗?
9. 你知道中国人说"文房四宝"是什么意思?

磨墨
mó mò

3. 看图说话
Talk about the pictures

马大哈

❖ 词语 Words and expressions ❖

1. <u>粗心</u>　　　　cūxīn　　　　　careless
2. <u>马大哈</u>　　　mǎdàhā　　　　a nickname for careless persons
3. <u>马马虎虎</u>　　mǎma-hūhū　　　careless; so-so
4. 大大咧咧　　dàda-liēliē　　careless; casual
5. 嘻嘻哈哈　　xīxi-hāhā　　　laughing and joking; easy-going

· 13 ·

问题 Questions

1. 在中国,人们常把粗心的人叫做什么?
2. 马大哈是什么意思?
3. 漫画里的这个人正在做什么?
4. 桌子上有些什么东西?
5. 文具盒里有什么?
6. 信写好以后他在做什么?
7. 他去邮局了吗?为什么?
8. 他把信扔进哪里了?
9. 他的朋友会收到他的信和生日卡吗?为什么?
10. 他为什么连"废物箱"三个大字也没看见?

复述 Retelling

在 中国, 人们 常 把 粗心 的 人 叫做
Zài Zhōngguó, rénmen cháng bǎ cūxīn de rén jiàozuò

"马大哈", 意思 是 这 种 人 办 事 总是 马马
"mǎdàhā", yìsi shì zhè zhǒng rén bàn shì zǒngshì māma-

虎虎、大大咧咧、嘻嘻哈哈 的。
hūhū、 dàda-liēliē、 xīxi-hāhā de.

漫画 里 的 这 个 人 正在 给 朋友 写 信,
Mànhuà li de zhè ge rén zhèngzài gěi péngyou xiě xìn,

因为 他 的 朋友 快 要 过 生日 了。桌子 上
yīnwèi tā de péngyou kuài yào guò shēngrì le. Zhuōzi shang

有 信纸、信封、邮票、生日卡、胶水、笔筒、文具盒。
yǒu xìnzhǐ、xìnfēng、yóupiào、shēngrìkǎ、jiāoshuǐ、bǐtǒng、wénjùhé.

文具盒 里 有 铅笔、圆珠笔、橡皮 等 文具。
Wénjùhé li yǒu qiānbǐ、yuánzhūbǐ、xiàngpí děng wénjù.

信 写好 了，他 把 信 和 生日卡 装进 信封，
Xìn xiěhǎo le, tā bǎ xìn hé shēngrìkǎ zhuāngjìn xìnfēng,

贴上 邮票 就 上 街 了。他 没 去 邮局，因为
tiēshàng yóupiào jiù shàng jiē le. Tā méi qù yóujú, yīnwèi

邮局 太 远。他 看见 附近 有 一 个 邮筒，就 把 信
yóujú tài yuǎn. Tā kàn jiàn fùjìn yǒu yí ge yóutǒng, jiù bǎ xìn

扔 进 去 了。可是 他 的 朋友 永远 也 不 会
rēng jìn qu le. Kěshì tā de péngyou yǒngyuǎn yě bú huì

收到 他 这 封 信 和 生日卡 了，因为 他 太
shōudào tā zhè fēng xìn hé shēngrìkǎ le, yīnwèi tā tài

粗心，是 个 马大哈，在 寄 信 的 时候 连 "邮筒"
cūxīn, shì ge mǎdàhā, zài jì xìn de shíhou lián "yóutǒng"

上边 "废物箱" 三 个 大 字 也 没 看见。
shàngbian "fèiwùxiāng" sān ge dà zì yě méi kàn jiàn.

4. 对话
Dialogue

麦克：玛丽，有 的 人 办 事 很 粗心。我 认为
Màikè: Mǎlì, yǒu de rén bàn shì hěn cūxīn. Wǒ rènwéi

这 很 不 好。
zhè hěn bù hǎo.

玛丽：我 同意 你 的 看法。
Mǎlì: Wǒ tóngyì nǐ de kànfǎ.

麦克：一 个 粗心 的 大夫 把 药方 开错，可能
Màikè: Yí ge cūxīn de dàifu bǎ yàofāng kāicuò, kěnéng

造成 严重 的 医疗 事故。
zàochéng yánzhòng de yīliáo shìgù.

玛丽：一个 公司 的 会计 在 数字 后边儿 少 写 一
Mǎlì: Yí ge gōngsī de kuàiji zài shùzì hòubianr shǎo xiě yí

个 零，可能 给 公司 带来 巨大 损失。
ge líng, kěnéng gěi gōngsī dàilái jùdà sǔnshī.

麦克：我 这 个 人 很 细心，办 事 很 认真，从来
Màikè: Wǒ zhè ge rén hěn xìxīn, bàn shì hěn rènzhēn, cónglái

不 马马虎虎、大大咧咧 的。
bù mǎma-hūhū、dàda-liēliē de.

玛丽：我 得 向 你 学习。你 这 个 优点 应该……
Mǎlì: Wǒ děi xiàng nǐ xuéxí. Nǐ zhè ge yōudiǎn yīnggāi……

喂！麦克，你 脚 上 穿 的 两 只 鞋 怎么
Wèi! Màikè, nǐ jiǎo shang chuān de liǎng zhī xié zěnme

不 一样？
bù yíyàng?

麦克：哦，天 哪！早上 起 床 的 时候 穿错 了。
Màikè: Ò, tiān na! Zǎoshang qǐ chuáng de shíhou chuāncuò le.

· 16 ·

❖ 词语 Words and expressions ❖

1. 严重   yánzhòng   serious
2. 医疗   yīliáo   medical treatment
3. 会计   kuàiji   accountant
4. 数字   shùzì   numeral; figure
5. 巨大   jùdà   huge; enormous
6. 损失   sǔnshī   loss
7. 细心   xìxīn   careful
8. 优点   yōudiǎn   merit; strong point

第十八课

1. 这是什么?
What is it?

牙刷 yáshuā	牙膏 yágāo	漱口杯 shùkǒubēi	梳子 shūzi
镜子 jìngzi	毛巾 máojīn	肥皂 féizào	吹风机 chuīfēngjī

❖ 词语 Words and expressions ❖

1. 梳头　　　shū tóu　　　comb one's hair
2. 照镜子　　zhào jìngzi　 look in the mirror

· 18 ·

◆ 问题 Questions ◆

1. 你用牙刷刷牙吗？一天刷几次？
2. 你刷牙用牙膏吗？
3. 刷牙的时候你用什么漱口？
4. 你用什么梳头？
5. 你爱照镜子吗？
6. 你用毛巾做什么？
7. 你洗脸用肥皂吗？
8. 你用吹风机吹头发吗？

2. 他(她)在做什么？
What is he (she) doing?

| 上厕所 | 小便 | 大便 | 刷牙 |
| shàng cèsuǒ | xiǎobiàn | dàbiàn | shuā yá |

| 洗脸 | 脱衣服 | 洗澡 | 穿衣服 |
| xǐ liǎn | tuō yīfu | xǐ zǎo | chuān yīfu |

· 19 ·

词语 Words and expressions

1. 正常　　　zhèngcháng　　　normal
2. 捡　　　　jiǎn　　　　　　pick up
3. 卫生　　　wèishēng　　　　hygiene
4. 水　　　　shuǐ　　　　　　water
5. 搓　　　　cuō　　　　　　 rub with hands
6. 背　　　　bèi　　　　　　 the back of the body
7. 舒服　　　shūfu　　　　　 comfortable

问题 Questions

1. 图1里的人在做什么？

2. 图2里的人在做什么？

3. 图3里的人在做什么？

4. 图4里的人在做什么？

5. 图5里的人在做什么？

6. 图6里的人在做什么？

7. 图7里的人在做什么？

8. 图8里的人在做什么？

3. 看图说话

Talk about the pictures

刷 牙

❖ 词语 Words and expressions ❖

1.	响	xiǎng	sound; ring
2.	盥洗室	guànxǐshì	washroom
3.	水龙头	shuǐlóngtóu	(water) tap
4.	脸盆	liǎnpén	washbasin
5.	鸡窝	jīwō	chicken coop
6.	睁眼	zhēng yǎn	open eyes
7.	迷糊	míhu	muddle-headed
8.	挤	jǐ	press
9.	鞋油	xiéyóu	shoe cream
10.	困	kùn	sleepy

· 21 ·

❖ 问题 Questions ❖

1. 闹钟是几点响的？
2. 这个小伙子睡够了吗？
3. 他为什么不多睡一会儿？
4. 他穿衣服的时候睁开眼了吗？
5. 下床以后他去哪儿了？
6. 在盥洗室里他做什么？
7. 他洗完脸做什么？
8. 他用梳子做什么？
9. 梳完头他的头发怎么样？
10. 忽然他想起了什么？
11. 他想刷牙吗？为什么？
12. 不刷牙行不行？
13. 他是怎么刷牙的？
14. 刷完牙，他的牙怎么样？
15. 他的牙为什么又黑又亮？

闹钟
nàozhōng

❖ 复述 Retell ❖

早上 七 点， 闹钟 响 了。这 个 小伙子
Zǎoshang qī diǎn, nàozhōng xiǎng le. Zhè ge xiǎohuǒzi
还没 睡够，可是他 不 得 不 马上 起 床， 因为
hái méi shuìgòu, kěshì tā bù dé bù mǎshàng qǐ chuáng, yīnwèi
今天 他 有 很 多 事儿 要 做。他 从 床 上
jīntiān tā yǒu hěn duō shìr yào zuò. Tā cóng chuáng shang
坐 起来， 闭着 眼睛 穿上 衣服，下了 床，
zuò qi lai, bìzhe yǎnjing chuānshang yīfu, xiàle chuáng,
穿着 拖鞋 向 盥洗室 走去。
chuānzhe tuōxié xiàng guànxǐshì zǒuqù.

· 22 ·

在 盥洗室 里，他 打开 水龙头，在 脸盆里 放满
Zài guànxǐshì li, tā dǎkāi shuǐlóngtóu, zài liǎnpén li fàngmǎn-

了水，拿了一 条 毛巾，开始 洗 脸。
le shuǐ, nále yì tiáo máojīn, kāishǐ xǐ liǎn.

洗完 脸，他 照了 照 镜子，看 见 自己的 头发
Xǐwán liǎn, tā zhàole zhào jìngzi, kàn jiàn zìjǐ de tóufa

乱哄哄 的，像 个 鸡窝。他 用 梳子梳了 梳 头，
luànhōnghōng de, xiàng ge jīwō. Tā yòng shūzi shūle shū tóu,

头发 整整齐齐 的，看 起来 比 刚才 好 多了。
tóufa zhěngzheng-qíqí de, kàn qi lai bǐ gāngcái hǎo duō le.

忽然，他 想起 自己 忘了 刷 牙 了。唉！真 困 呀！
Hūrán, tā xiǎngqǐ zìjǐ wàngle shuā yá le. Ai! Zhēn kùn ya!

眼睛 还 睁 不开 呢！可是 不 刷牙，嘴 臭臭
Yǎnjing hái zhēng bu kāi ne! Kěshì bù shuā yá, zuǐ chòuchòu

的，出 门 办事，怎么 开 口 跟 别人 谈 话 呢？
de, chū mén bàn shì, zěnme kāi kǒu gēn biéren tán huà ne?

他 迷迷糊糊 地 拿起一 把 牙刷，往 牙刷 上 挤了
Tā mími-hūhū de náqǐ yì bǎ yáshuā, wǎng yáshuā shang jǐle

点儿 牙膏，放进 嘴 里就 刷了 起来。
diǎnr yágāo, fàngjìn zuǐ li jiù shuāle qi lai.

刷完 牙，他 睁开 眼 对着 镜子一 看 说：
Shuāwán yá, tā zhēngkāi yǎn duìzhe jìngzi yí kàn, shuō:

"哎哟，妈 呀！我 的 牙 怎么 又 黑 又 亮 呀！"
"Aiyo, mā ya! Wǒ de yá zěnme yòu hēi yòu liàng ya!"

原来，他 刷牙用 的 不是 牙膏，是 "黑 又
Yuánlái, tā shuā yá yòng de bú shì yágāo, shì "hēi yòu

亮" 牌 的 鞋油！
liàng" pái de xiéyóu!

4. 对话
Dialogue

玛丽：麦克，你今天　早上　　上　课　怎么　又　迟到　了？
Mǎlì: Màikè, nǐ jīntiān zǎoshang shàng kè zěnme yòu chídào le?

麦克：真　不　好意思！早上　　时间　不　够　用，我 太
Màikè: Zhēn bù hǎoyìsi! Zǎoshang shíjiān bú gòu yòng, wǒ tài

　　　忙　了。
　　　máng le.

玛丽：你　忙　什么　呀？
Mǎlì: Nǐ máng shénme ya?

麦克：起　床　以后，我　要　穿 衣服、洗脸、刮脸、
Màikè: Qǐ chuáng yǐhòu, wǒ yào chuān yīfu、xǐ liǎn、guā liǎn、

　　　刷 牙、梳 头、　上 厕所、吃 早饭……
　　　shuā yá、shū tóu、shàng cèsuǒ、chī zǎofàn……

玛丽：这　不 是　人人　都　要　做　的 吗？
Mǎlì: Zhè bú shì rénrén dōu yào zuò de ma?

　　　你 每　天　几 点　起 床？
　　　Nǐ měi tiān jǐ diǎn qǐ chuáng?

麦克：七 点　三　刻。
Màikè: Qī diǎn sān kè.

玛丽：八 点　上　课，你 七 点　三　刻
Mǎlì: Bā diǎn shàng kè, nǐ qī diǎn sān kè

　　　才 起　床，怎么 来得及　呢？
　　　cái qǐ chuáng, zěnme lái de jí ne?

麦克：早上　起 不 来，困 极 了！
Màikè: Zǎoshang qǐ bu lái, kùn jí le!

玛丽：你 每天 晚上 几点 睡觉？
Mǎlì: Nǐ měi tiān wǎnshang jǐ diǎn shuì jiào?

麦克：夜里 一两 点钟。
Màikè: Yè li yī-liǎng diǎnzhōng.

玛丽：睡 得 太 晚，早上 当然 起 不 来。为 什么
Mǎlì: Shuì de tài wǎn, zǎoshang dāngrán qǐ bu lái. Wèi shénme

　　　不早 点儿 睡 呢？早 睡 早 起 身体 好！
　　　bù zǎo diǎnr shuì ne? Zǎo shuì zǎo qǐ shēntǐ hǎo!

麦克：每天 晚上 我 忙 极了！
Màikè: Měi tiān wǎnshang wǒ máng jí le!

玛丽：忙 什么 呀？
Mǎlì: Máng shénme ya?

麦克：写 信、做 作业、跟 朋友 聊天、喝 啤酒、喝
Màikè: Xiě xìn、zuò zuòyè、gēn péngyou liáo tiān、hē píjiǔ、hē

　　　咖啡、听 音乐……
　　　kāfēi、tīng yīnyuè……

玛丽：早上 不 起，晚上 不 睡，
Mǎlì: Zǎoshang bù qǐ, wǎnshang bú shuì,

　　　你 是 个 夜猫子！
　　　nǐ shì ge yè māozi!

夜猫子(猫头鹰)
yèmāozi(māotóuyīng)

词语 Words and expressions

1. 不好意思　　　　bù hǎoyìsi　　　　feel embarrassed
2. 刮脸　　　　　　guā liǎn　　　　　shave
3. 来得及　　　　　lái de jí　　　　　there's still time
   来不及　　　　　lái bu jí　　　　　there's not enough time
4. 夜猫子(猫头鹰)　yèmāozi(māotóuyīng)　night owl; a person who goes to bed late

第十九课

1. 这是什么？（A）
What is it?

1. 照相机 zhàoxiàngjī
2. 镜头 jìngtóu
3. 快门 kuàimén
4. 取景框 qǔjǐngkuàng
5. 闪光灯 shǎnguāngdēng
6. 胶卷儿 jiāojuǎnr
7. 电池 diànchí
8. 底片 dǐpiàn
9. 相片儿 xiàngpiānr

词语 Words and expressions

1. 自动　　　　zìdòng　　　　　　automatic
2. 傻瓜相机　　shǎguā xiàngjī　　automatic camera
3. 标准　　　　biāozhǔn　　　　　standard
4. 调　　　　　tiáo　　　　　　　adjust
5. 焦距　　　　jiāojù　　　　　　focal length
6. 光圈　　　　guāngquān　　　　 diaphragm; aperture
7. 保存　　　　bǎocún　　　　　　keep

问题 Questions

1. 什么叫傻瓜相机？
2. 你有什么样儿的相机？
3. 你的相机的镜头是标准的吗？
4. 你的相机能自动调焦距和光圈吗？
5. 按快门的时候要注意什么？
6. 取景框有什么用？
7. 什么时候用闪光灯？
8. 你喜欢用什么牌子的胶卷儿？
9. 你的相机用几号电池？
10. 底片要不要保存？为什么？
11. 你有没有照得很满意的相片儿？

2. 这是什么？(B)

What is it?

1	2	3	4
5	6	7	8

花儿　　　　　草　　　　　树　　　　　假山石
huār　　　　cǎo　　　　shù　　　　jiǎshānshí
flower　　　grass　　　tree　　　　statue

亭子　　　　蝴蝶　　　　蜻蜓　　　　瀑布
tíngzi　　　húdié　　　qīngtíng　　pùbù
Pagota　　Butterfly

❖ 词语 Words and expressions ❖

1. 草坪　　　cǎopíng　　　lawn
2. 树林　　　shùlín　　　　woods; grove
3. 森林　　　sēnlín　　　　forest
4. 区别　　　qūbié　　　　difference

· 29 ·

问题 Questions

1. 你的房间里有花儿吗？
2. 你住的城市里街道两旁有草坪吗？
3. 树林和森林有什么区别？
4. 你喜欢公园里的假山石吗？
5. 中国的公园里为什么要有很多亭子？
6. 你知道蝴蝶有几条腿？
7. 你知道蜻蜓喜欢吃什么？
8. 世界上最大的瀑布在哪儿？

3. 看图说话

Talk about the pictures

照 相

词语 Words and expressions

1. 飘　　　　　piāo　　　　　float in the air
2. 恋人　　　　liànrén　　　　lover
3. 游艇　　　　yóutǐng　　　　yacht; pleasure-boat
4. 留念　　　　liú niàn　　　　keep as a souvenir; memento
5. 石头　　　　shítou　　　　　stone; rock
6. 倒立　　　　dàolì　　　　　stand upside down
7. 洗印　　　　xǐyìn　　　　　developing and printing
8. 放大　　　　fàngdà　　　　 enlarge
9. 大力士　　　dàlìshì　　　　a man of unusual strength

问题 Questions

1. 麦克和玛丽在哪儿散步？
2. 他们今天看上去怎么样？
3. 公园里有什么？
4. 麦克是怎么给玛丽照相的？为什么这样照？
5. 玛丽是怎么给麦克照相的？为什么这样照？
6. 相片儿洗印出来以后,他们满意吗？为什么？

复述 Retell

天气　很　好，　天上　　飘着　　　白云，麦克　和
Tiānqì hěn hǎo, tiānshang piāozhe báiyún, Màikè hé

玛丽　在　 公园　里 散步。麦克 今天 看　 上　去　很
Mǎlì zài gōngyuán li sàn bù. Màikè jīntiān kàn shang qu hěn

帅，只是　瘦了 点儿；玛丽 今天 看　 上 去　很美，
shuài, zhǐshì shòule diǎnr; Mǎlì jīntiān kàn shang qu hěn měi,

只是 胖了 点儿。公园 里有 花、有 草、
zhǐshì pàngle diǎnr. Gōngyuán li yǒu huā、yǒu cǎo、
有 树、有 湖。湖里 有 人 在 划着 游艇，湖 边
yǒu shù、yǒu hú. Hú li yǒu rén zài huázhe yóutǐng, hú biān
的 椅子 上 坐着 一 对 恋人。小 鸟 在 唱 歌，
de yǐzi shang zuòzhe yí duì liànrén. Xiǎo niǎo zài chàng gē,
蝴蝶 飞 来 飞 去，好像 在 跳 舞。 按
húdié fēi lái fēi qù, hǎoxiàng zài tiào wǔ. àn

这么 好 的 天气，这么 美 的
Zhème hǎo de tiānqì, zhème měi de
公园， 为 什么 不 照 几 张 相 留念 呢？
gōngyuán, wèi shénme bú zhào jǐ zhāng xiàng liú niàn ne?
麦克 让 玛丽 站 在 两棵 大树 之间，他 举起了
Màikè ràng Mǎlì zhàn zài liǎng kē dàshù zhījiān, tā jǔqǐle
照相机， 对着 玛丽 按下了 快门。
zhàoxiàngjī, duìzhe Mǎlì ànxiàle kuàimén.

麦克 把 照相机 交给 玛丽，说："来，给 我 也 照
Màikè bǎ zhàoxiàngjī jiāogěi Mǎlì, shuō: "Lái, gěi wǒ yě zhào
一 张。"玛丽 说："你 太 瘦，照 出 来 一定 不 好
yì zhāng." Mǎlì shuō: "Nǐ tài shòu, zhào chu lai yídìng bù hǎo
看。"麦克 说："没 关系，看 我 的！" 说完 他 在
kàn." Màikè shuō: "Méi guānxi, kàn wǒ de!" shuōwán tā zài
一 块 大 石头 上 来了 个 倒立。玛丽 马上
yí kuài dà shítou shang láile ge dàolì. Mǎlì mǎshàng
对着 他 按下了 快门。
duìzhe tā ànxiàle kuàimén.

相片儿 很 快 就 洗印 出 来 了，而且 还 放大 了。
Xiàngpiānr hěn kuài jiù xǐyìn chu lai le, érqiě hái fàngdà le.

相片儿 上 玛丽 很 苗条，麦克 像 个大力士。
Xiàngpiānr shang Mǎlì hěn miáotiao, Màikè xiàng ge dàlìshì.

他们 非常 满意 地 笑 了。
Tāmen fēicháng mǎnyì de xiào le.

4. 对话
Dialogue

麦克：玛丽，这 个 公园 你 以前 来过 吗？
Màikè: Mǎlì, zhè ge gōngyuán nǐ yǐqián láiguo ma?

玛丽：没有，这 是第一 次。
Mǎlì: Méiyǒu, zhè shì dì-yī cì.

麦克：你 觉得 怎么样？
Màikè: Nǐ juéde zěnmeyàng?

玛丽：不错，景色 很 美。咱 俩 应该 在 一起 照
Mǎlì: Búcuò, jǐngsè hěn měi. Zán liǎ yīnggāi zài yìqǐ zhào

一 张 合影，留 个 纪念。
yì zhāng héyǐng, liú ge jìniàn.

麦克：那 得 先 调好 焦距 和 光圈，再 找 一
Màikè: Nà děi xiān tiáohǎo jiāojù hé guāngquān, zài zhǎo yí

个 人 帮忙 按 一下 快门。
ge rén bāngmáng àn yíxià kuàimén.

玛丽：可是……这 附近一 个 人 也 没有 啊！
Mǎlì: Kěshì…… zhè fùjìn yí ge rén yě méiyǒu a!

麦克：咱们 坐 在 这儿 等 一会儿 吧。
Màikè: Zánmen zuò zài zhèr děng yíhuìr ba.

玛丽：麦克，你 有 你 过去 的 照片儿 吗？
Mǎlì: Màikè, nǐ yǒu nǐ guòqù de zhàopiānr ma?

麦克：有一张，在宿舍里，那是我小时候的照片儿。
Màikè: Yǒu yì zhāng, zài sùshè li, nà shì wǒ xiǎo shíhou de zhàopiānr.

玛丽：回去以后拿给我看看。
Mǎlì: Huíqù yǐhòu ná gěi wǒ kànkan.

麦克：不好意思，不能给你看！
Màikè: Bù hǎoyìsi, bù néng gěi nǐ kàn!

玛丽：为什么？
Mǎlì: Wèi shénme?

麦克：那是光着屁股照的。
Màikè: Nà shì guāngzhe pìgu zhào de.

词语 Words and expressions

1. 景色　　jǐngsè　　scenery
2. 合影　　héyǐng　　group photo
3. 光　　　guāng　　bare; naked

第二十课

1. 这是什么动作?
What act is it?

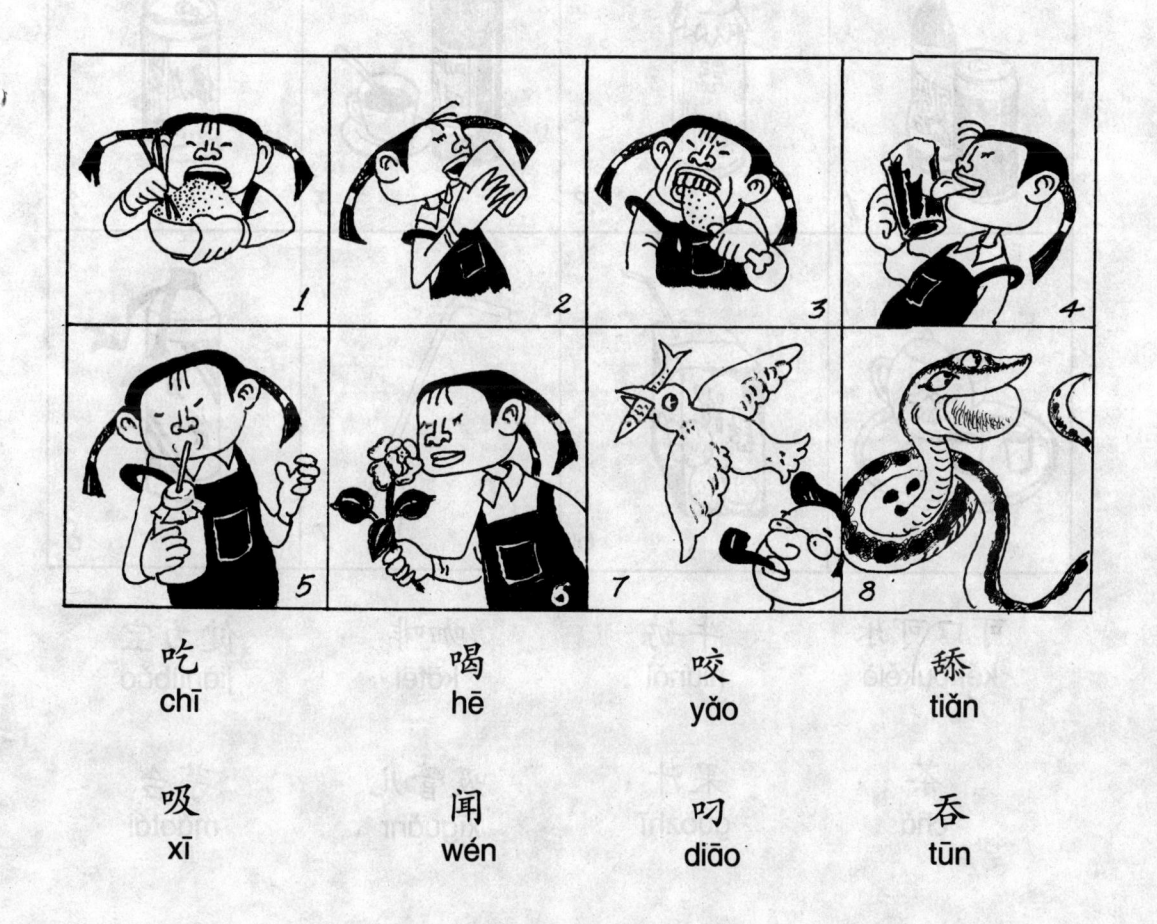

吃 chī	喝 hē	咬 yǎo	舔 tiǎn
吸 xī	闻 wén	叼 diāo	吞 tūn

❖ 练习 Practise ❖

请用动作把上面学过的动词表演出来,同时说出相应的一句话。

Please put on a show with an action related to the verbs we have just learnt, and then say a relevant sentence.

· 35 ·

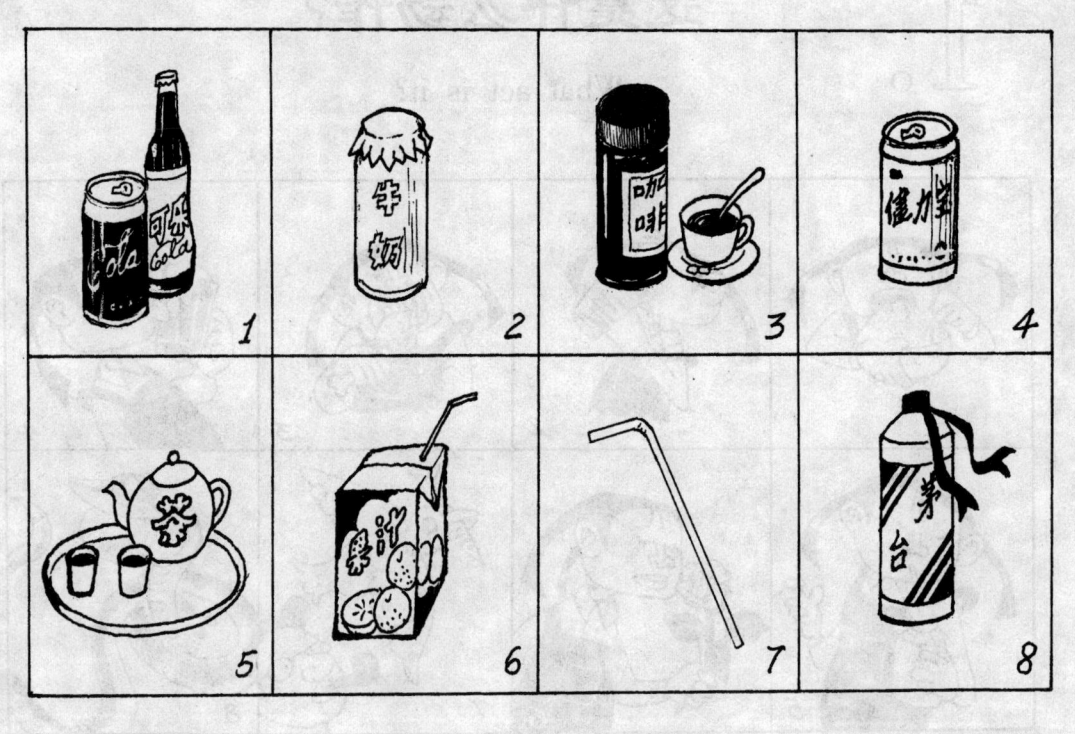

2. 这是什么?
What is it?

可口可乐 kěkǒukělè	牛奶 niúnǎi	咖啡 kāfēi	健力宝 jiànlìbǎo
茶 chá	果汁 guǒzhī	吸管儿 xīguǎnr	茅台 máotái

❖ 词语 Words and expressions ❖

1. 广告　　　guǎnggào　　　advertisement
2. 饮料　　　yǐnliào　　　　beverage; drink
3. 解渴　　　jiě kě　　　　 quench one's thirst

❖ 问题 Questions ❖

1. 你喜欢喝可口可乐吗?

2. 你喝咖啡要加牛奶吗?

3. 你喜欢咖啡的苦味儿吗?

4. 广告上说喝了健力宝身体好,你信吗?

5. 你认为哪种饮料最解渴?

6. 你常常喝茶吗?喝什么茶?

7. 你用吸管儿喝果汁吗?

8. 茅台是什么饮料?

3. 看图说话
Talk about the pictures

喝 饮 料

词语 Words and expressions

1. 亲热　　　　qīnrè　　　　　　　affectionate；intimate
2. 扇子　　　　shànzi　　　　　　 fan
3. 不管用　　　bù guǎn yòng　　　 no use
4. 咕嘟　　　　gūdū　　　　　　　(onom.) bubble, gurgle
5. 大口　　　　dàkǒu　　　　　　 mouthful
6. 喝不惯　　　hē bu guàn　　　　not used to the drink
7. 不信那一套　bú xìn nà yí tào　　not believe that kind of stuff
8. 吃惊　　　　chī jīng　　　　　　be shocked
9. 醉　　　　　zuì　　　　　　　 drunk；tipsy

扇子
shànzi

吃惊
chī jīng

问题 Questions

1. 他们家有几口人？都是谁？
2. 这家人亲热吗？
3. 这天天气怎么样？
4. 爷爷的扇子管用吗？
5. 他们为什么感到很渴？
6. 爷爷说什么？
7. 桌子上有些什么饮料？
8. 爷爷喜欢喝什么？怎么喝？
9. 奶奶为什么只喝茶？
10. 她怎么喝茶？
11. 爸爸在喝什么？为什么不加糖和牛奶？
12. 妈妈为什么不喝咖啡？
13. 妈妈在喝什么？怎么喝？
14. 男孩儿在喝什么？为什么？

15. 女孩儿在喝什么？她为什么不喝健力宝？
16. 小狗在喝什么？它为什么不喝别的饮料？
17. 谁倒在地上了？为什么？

复述 Retell

这一家六口，爷爷、奶奶、爸爸、妈妈、男孩儿、
Zhè yì jiā liù kǒu, yéye、nǎinai、bàba、māma、nánháir、

女孩儿，还有一只可爱的小狗，互相手拉着
nǚháir, hái yǒu yì zhī kě'ài de xiǎo gǒu, hùxiāng shǒu lāzhe

手，多亲热呀！不过，天气也够热的，他们都
shǒu, duō qīnrè ya! Búguò, tiānqì yě gòu rè de, tāmen dōu

在出汗。看来，爷爷的扇子也不管用。出了
zài chū hàn. Kàn lai, yéye de shànzi yě bù guǎn yòng. Chūle

那么多汗，自然会感到很渴。爷爷说："走，
nàme duō hàn, zìrán huì gǎndào hěn kě. Yéye shuō: "Zǒu,

咱们去喝点儿饮料吧！"
zánmen qù hē diǎnr yǐnliào ba!"

桌子上有各种饮料：左边有果汁、
Zhuōzi shang yǒu gè zhǒng yǐnliào: zuǒbian yǒu guǒzhī、

健力宝和牛奶；右边有可口可乐、茅台和咖啡；
jiànlìbǎo hé niúnǎi; yòubian yǒu kěkǒukělè、máotái hé kāfēi;

中间还有一壶茶。
zhōngjiān hái yǒu yì hú chá.

爷爷喜欢喝酒，抓起茅台就"咕嘟咕嘟"地喝了
Yéye xǐhuan hē jiǔ, zhuāqǐ máotái jiù "gūdū gūdū" de hēle

起来。奶奶还是老习惯，只喝茶。她抱着茶壶，
qi lai. Nǎinai hái shì lǎo xíguàn, zhǐ hē chá. Tā bàozhe cháhú,

大口大口地喝了起来。她认为喝什么也没有
dàkǒu dàkǒu de hēle qi lai. Tā rènwéi hē shénme yě méiyǒu

· 40 ·

茶 解 渴。爸爸 喝 咖啡 不 加 糖，不 加 牛奶。他
chá jiě kě. Bàba hē kāfēi bù jiā táng, bù jiā niúnǎi. Tā

说 喝 咖啡 就是 要 喝 那 个 苦味儿。妈妈 喝 不
shuō hē kāfēi jiùshì yào hē nà ge kǔwèir. Māma hē bu

惯 咖啡，她 拿了 瓶 可口可乐，用 吸管儿 慢慢 地
guàn kāfēi, tā nále píng kěkǒukělè, yòng xīguǎnr mànman de

吸。男孩儿 喝 健力宝，听 说 喝了 健力宝 身体 好。
xī. Nánháir hē jiànlìbǎo, tīng shuō hēle jiànlìbǎo shēntǐ hǎo.

女孩儿 不 信 那 一 套，她 喜欢 喝 的 是 甜甜 的
Nǚháir bú xìn nà yí tào, tā xǐhuan hē de shì tiántián de

果汁。小 狗 只 喝 牛奶，因为 它 对 别 的 饮料
guǒzhī. Xiǎo gǒu zhǐ hē niúnǎi, yīnwèi tā duì bié de yǐnliào

都 不 感 兴趣。
dōu bù gǎn xìngqu.

"咚……"，怎么 啦？有 人 倒 在 地 上 了，大家
"Dōng……", zěnme la? Yǒu rén dǎo zài dì shang le, dàjiā

很 吃 惊。原来 是 爷爷 喝醉 啦！
hěn chī jīng. Yuánlái shì yéye hēzuì la!

4. 对话
Dialogue

孙子：爷爷，妈妈 刚 从 超市 买来 很 多 饮料，
Sūnzi: Yéye, Māma gāng cóng chāo-shì mǎilái hěn duō yǐnliào,

您 喝 不 喝？
nín hē bu hē?

爷爷：都 是 些 什么 饮料 啊？
Yéye: Dōu shì xiē shénme yǐnliào a?

孙子：有 可口可乐、健力宝、果汁、矿泉水， 都 是 我
Sūnzi: Yǒu kěkǒukělè、jiànlìbǎo、guǒzhī、kuàngquánshuǐ, dōu shì wǒ

最爱 喝 的。
zuì ài hē de.

爷爷：这些 饮料 都 不如 白开水。我 喝了几十 年
Yéye: Zhèxiē yǐnliào dōu bùrú báikāishuǐ. Wǒ hēle jǐshí nián

白开水，还是 觉得 白开水 最 好。
báikāishuǐ, háishi juéde báikāishuǐ zuì hǎo.

孙子：为 什么？
Sūnzi: Wèi shénme?

爷爷：市场 上 卖 的 饮料 里一般 都 加了 糖，
Yéye: Shìchǎng shang mài de yǐnliào li yìbān dōu jiāle táng,

糖 吃多了 对 身体 没有 好处。说起 喝
táng chīduōle duì shēntǐ méiyǒu hǎochù. Shuōqǐ hē

水，我 想起 一 件 事儿，想 让 你 判断
shuǐ, wǒ xiǎngqǐ yí jiàn shìr, xiǎng ràng nǐ pànduàn

一下，好 不 好？
yíxià, hǎo bu hǎo?

孙子：您 说 吧。
Sūnzi: Nín shuō ba.

爷爷：有 一个人 喝了 很 多 水，肚子 很 胀
Yéye: Yǒu yí ge rén hēle hěn duō shuǐ, dùzi hěn zhàng

了,可是 还 得 喝。这 是 怎么 回 事儿？
le, kěshì hái děi hē. Zhè shì zěnme huí shìr?

孙子：嗯……他 太 渴 了。
Sūnzi: Ng…… tā tài kě le.

爷爷：不对。
Yéye: Bú duì.

· 42 ·

孙子：他 发 高烧 了。
Sūnzi: Tā fā gāoshāo le.

爷爷：不对。
Yéye: Bú duì.

孙子：我 不 知道。
Sūnzi: Wǒ bù zhīdào.

爷爷：这 很 简单。一个 不会 游泳 的 人 掉进
Yéye: Zhè hěn jiǎndān. Yí ge bú huì yóuyǒng de rén diàojìn

河 里 了！
hé li le!

词语 Words and expressions

1. 矿泉水   kuàngquánshuǐ   mineral water
2. 白开水   báikāishuǐ   plain boiled water
3. 判断   pànduàn   judge
4. 胀   zhàng   feel bloated after over-eating or over-drinking
5. 超市   chāo-shì   supermarket

第二十一课

1. 这是什么？（A）
What is it?

礼帽	鸭舌帽	草帽	便帽
lǐmào	yāshémào	cǎomào	biànmào

皮帽	毛线帽	贝雷帽	瓜皮帽
pímào	máoxiànmào	bèiléimào	guāpímào

❖ 词语 Words and expressions ❖

清朝　　　Qīng Cháo　　　the Qing Dynasty

❖ 问题 Questions ❖

1. 你常常戴什么帽子？
2. 什么时候戴草帽？

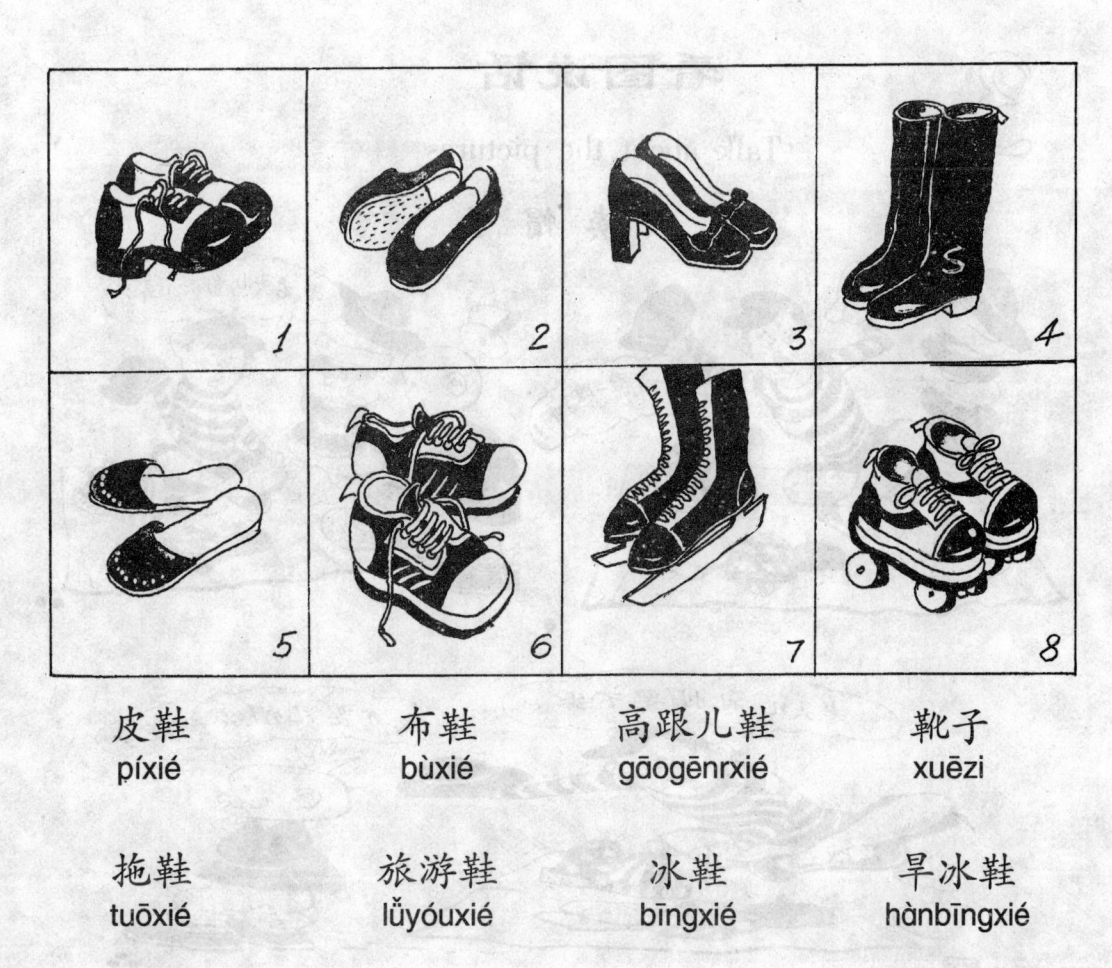

3. 什么地方的人喜欢戴皮帽？为什么？
4. 你见过瓜皮帽吗？
5. 什么时候的中国人爱戴瓜皮帽？现在还有人戴瓜皮帽吗？
6. 贝雷帽最早是从哪个国家流行起来的？
7. 哪些国家的人爱戴礼帽？
8. 在你们国家年轻人喜欢戴什么帽子？

2。 这是什么？（B）
What is it?

皮鞋	布鞋	高跟儿鞋	靴子
píxié	bùxié	gāogēnrxié	xuēzi
拖鞋	旅游鞋	冰鞋	旱冰鞋
tuōxié	lǚyóuxié	bīngxié	hànbīngxié

· 45 ·

❖ 问题 Questions ❖

1. 你用鞋油擦皮鞋吗?
2. 你有布鞋吗?
3. 你喜欢穿高跟儿鞋吗? 为什么?
4. 你有靴子吗? 什么时候穿靴子?
5. 你什么时候穿拖鞋?
6. 你今天穿的是什么鞋?
7. 你有旅游鞋吗?
8. 滑冰穿什么鞋?
9. 你会滑旱冰吗?
10. 你有旱冰鞋吗?

3. 看图说话

Talk about the pictures

卖帽子

词语 Words and expressions

1. 摆　　　　bǎi　　　　　　　set up
2. 地摊　　　dìtān　　　　　　stall on the ground
3. 种类　　　zhǒnglèi　　　　variety; kind
4. 卖力　　　màilì　　　　　　exert oneself to the utmost; spare no effort
5. 吸引　　　xīyǐn　　　　　　attract
6. 保护　　　bǎohù　　　　　protect
7. 秃头　　　tūtóu　　　　　　bald head
8. 礼貌　　　lǐmào　　　　　　courtesy; politeness
9. 转身　　　zhuǎn shēn　　　turn round
10. 急　　　　jí　　　　　　　　urgent; impatient

问题 Questions

1. 这个小伙子在做什么？
2. 他卖的帽子种类多不多？有什么帽子？
3. 他是怎么吆喝的？
4. 这位老人被什么吸引过来了？
5. 老人站在地摊前想什么？
6. 小伙子看见老人，问他什么？
7. 老人为什么很生气？
8. 老人还想买帽子吗？
9. 小伙子看见老人要走就怎么了？
10. 老人怎么回答小伙子？
11. 小伙子应该怎样跟老人说话才有礼貌？

复述 Retell

有 个 小伙子 在 街 上 摆了 个 地摊 卖
Yǒu ge xiǎohuǒzi zài jiē shang bǎile ge dìtān mài

帽子。帽子的 种类 很 多,有 便帽、礼帽、鸭舌帽、
màozi. Màozi de zhǒnglèi hěn duō, yǒu biànmào、lǐmào、yāshémào、

草帽、贝雷帽 和 毛线帽。你 看,他 吆喝 得 多
cǎomào、bèiléimào hé máoxiànmào. Nǐ kàn, tā yāohe de duō

卖力:"看 一 看,瞧 一 瞧 了 啊! 又 便宜 又 好
màilì: "Kàn yi kàn, qiáo yi qiáo le a! Yòu piányi yòu hǎo

的 帽子 了 啊!"
de màozi le a!"

　　一 位 老人 被 他 的 吆喝 声 吸引 过来,站
　　Yí wèi lǎorén bèi tā de yāohe shēng xīyǐn guo lai, zhàn

在 他 的 地摊 前, 正 想 买 一 顶 帽子 保护
zài tā de dìtān qián, zhèng xiǎng mǎi yì dǐng màozi bǎohù

他 的 秃头。小伙子 看见 老人 在 他 的 地摊 前
tā de tūtóu. Xiǎohuǒzi kàn jiàn lǎorén zài tā de dìtān qián

站着, 就 问:"喂,老头儿,你 买 不 买?" 老人 一
zhànzhe, jiù wèn: "Wei, lǎotóur, nǐ mǎi bu mǎi?" Lǎorén yì

听就 生气 了。他 转 身 就 走,什么 帽子 也
tīng jiù shēng qì le. Tā zhuǎn shēn jiù zǒu, shénme màozi yě

不 想 买 了。小伙子 急 了,拿 起 一 顶 礼帽,问:
bù xiǎng mǎi le. Xiǎohuǒzi jí le, ná qǐ yì dǐng lǐmào, wèn:

"老头儿,老头儿,别 走! 礼帽 要 不 要?" 老人 头 也
"Lǎotóur, lǎotóur, bié zǒu! Lǐmào yào bu yào?" Lǎorén tóu yě

不 回, 说:"我 不 要 礼帽,要 礼貌!"
bù huí, shuō: "Wǒ bú yào lǐmào, yào lǐmào!"

4. 对话
Dialogue

麦克：今天 我 上 街 看 电影，迷了路，问 路边
Màikè: Jīntiān wǒ shàng jiē kàn diànyǐng, míle lù, wèn lù biān

一个 老头儿，他 不理 我。
yí ge lǎotóur, tā bù lǐ wǒ.

玛丽：你是 怎么 问 的？
Mǎlì: Nǐ shì zěnme wèn de?

麦克：我 说："喂，老头儿！ 电影院 在 哪儿？"
Màikè: Wǒ shuō: "Wei, lǎotóur! Diànyǐngyuàn zài nǎr?"

玛丽：麦克，你 太 没 礼貌 了！你 得 叫 他 老大爷，
Mǎlì: Màikè, nǐ tài méi lǐmào le! Nǐ děi jiào tā lǎodàye,

或者 老伯伯、老先生、老人家。
huòzhě lǎobóbo、lǎoxiānsheng、lǎorénjia.

老头儿！老头儿！

· 49 ·

麦克：后来 我 问 一位 老年 妇女，她 不但 不理
Màikè: Hòulái wǒ wèi yí wèi lǎonián fùnǚ, tā búdàn bù lǐ

我，还 瞪了 我 一 眼。真 倒 霉！
wǒ, hái dèngle wǒ yì yǎn. Zhēn dǎo méi!

玛丽：你是 怎么 问 的？
Mǎlì: Nǐ shì zěnme wèn de?

麦克：我 说："喂，老婆子！去 电影院 怎么 走？"
Màikè: Wǒ shuō: "Wei, lǎopózi! Qù diànyǐngyuàn zěnme zǒu?"

玛丽：你 这么 问，没 挨骂 就 不错 了。
Mǎlì: Nǐ zhème wèn, méi ái mà jiù búcuò le.

麦克：那，我 该 怎么 问 才 好？
Màikè: Nà, wǒ gāi zěnme wèn cái hǎo?

玛丽：对 老年 妇女，你 得 叫 她 老大娘， 或者
Mǎlì: Duì lǎonián fùnǚ, nǐ děi jiào tā lǎodàniáng, huòzhě

老婆婆、老太太、老人家。
lǎopópo、lǎotàitai、lǎorenjia.

麦克：看来，我 真是 个 老外！
Màikè: Kàn lai, wǒ zhēn shì ge lǎowài!

◆ 词语 Words and expressions ◆

1. 妇女　　　　fùnǚ　　　　　woman
2. 老年　　　　lǎonián　　　　old age
3. 挨骂　　　　ái mà　　　　　get a scolding
4. 瞪　　　　　dèng　　　　　an angry stare

第二十二课

1. 他（她）怎么了?
What's the matter with him (her)?

哭 kū 难过 nánguò (be grieved)	大哭 dàkū 伤心 shāng xīn (broken-hearted)	微笑 wēixiào 高兴 gāoxìng	大笑 dàxiào 开心 kāixīn (joyful)
生气 shēng qì	发火 fā huǒ (flare up)	发愁 fā chóu (be anxious)	嫉妒 jídù (jealous)
愤怒 fènnù (indignation)	发脾气 fā píqi (lose one's temper)	头疼 tóuténg (headache)	恨 hèn (hate)

· 51 ·

❖ 练习 Practise ❖

请说说图1~图8中的人怎么了，为什么。
Tell us what happened to the person in the pictures (1–8) and why.

2. 这是什么？
What is this?

1. 床　　2. 被子　3. 枕头　　4. 床头灯　　　5. 闹钟
   chuáng   bèizi   zhěntou   chuángtóudēng   nàozhōng

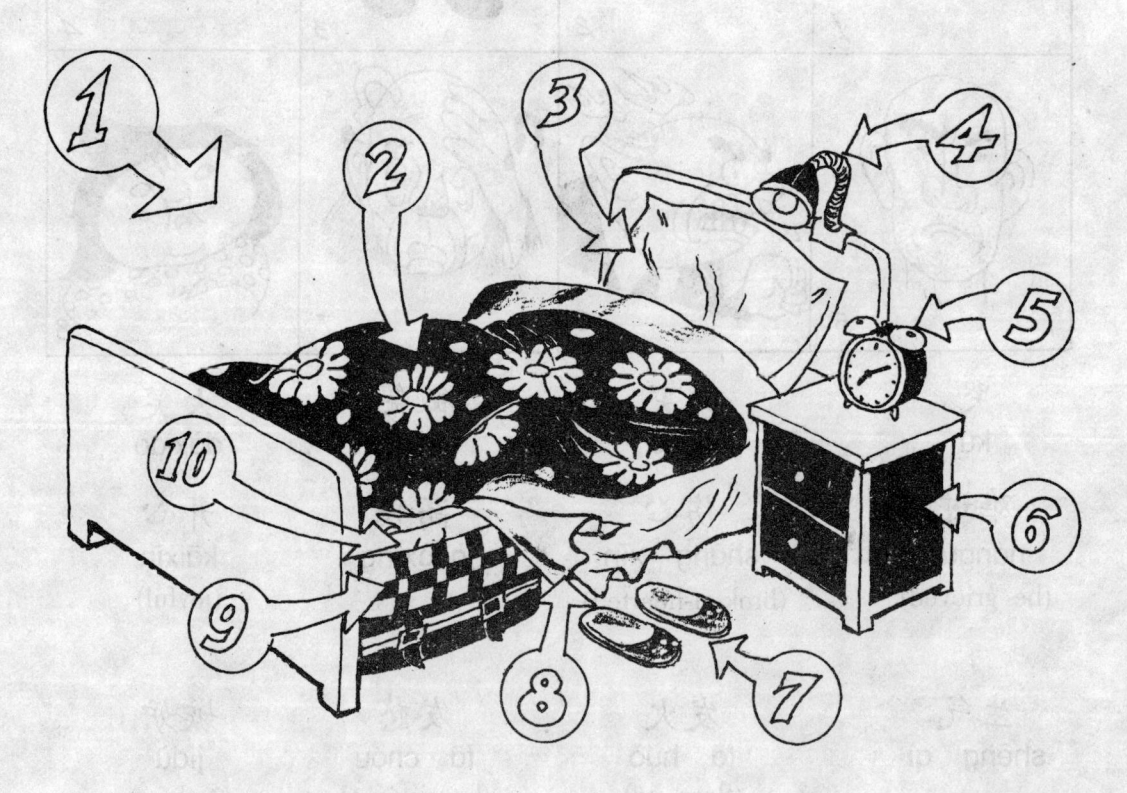

6. 床头柜　　　7. 拖鞋　8. 床单　　9. 床垫　　10. 褥子
   chuángtóuguì   tuōxié   chuángdān chuángdiàn   rùzi

· 52 ·

词语 Words and expressions

1. 盖　　　gài　　　　　　cover
2. 弹簧　　tánhuáng　　　 spring
3. 厚　　　hòu　　　　　　thick

弹簧
tánhuáng

问题 Questions

1. 你的宿舍里有几张床？

2. 你睡觉盖不盖被子？

3. 你睡觉喜欢枕头高一点儿,还是低一点儿？

4. 你的床有没有床头灯？

5. 你每天早上要不要让闹钟叫醒你？

6. 床头柜里一般放些什么东西？

7. 你在宿舍里穿拖鞋吗？

8. 你的床单自己洗吗？

9. 你的床垫是弹簧的吗？

10. 你的褥子厚不厚？

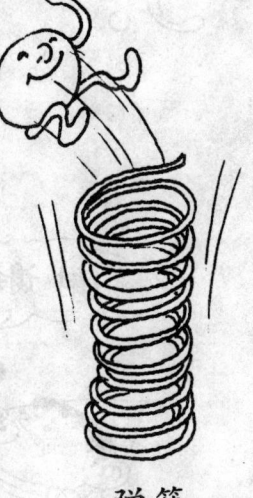

3. 看图说话

Talk about the pictures

我不是母牛

1. 谢谢！
   大姐，您的小孩真可爱！

2. 我不是母牛！
   他每天吃您自己的牛奶吗？

❖ 词语 Words and expressions ❖

1. 母牛　mǔniú　cow
2. 亨利　Hēnglì　Henry (name of a person)
3. 夸　kuā　praise

母牛
mǔniú

4.	皮肤	pífū	skin
5.	含	hán	keep in the mouth
6.	奶嘴儿	nǎizuǐr	nipple (of a feeding bottle)
7.	小天使	xiǎo tiānshǐ	little angel
8.	喂养	wèiyǎng	feed
9.	吓	xià	frighten; be scared
10.	尿	niào	urine; pass water

❖ 问题 Questions ❖

1. 亨利是哪国留学生？
2. 他在中国学习汉语有多长时间了？
3. 他学习努力吗？
4. 他觉得怎样才能更快地提高自己的听说能力？
5. 有一次,他看见一位妇女在做什么？
6. 亨利走了过去,看见这个孩子怎么样？
7. 他对那个妇女说什么？
8. 那个妇女听了亨利的话,为什么心里很高兴？
9. 亨利为什么觉得这孩子可能不是用一般的牛奶喂养的？
10. 亨利问了一个什么问题？
11. 那个妇女听了说什么？
12. 小孩儿怎么了？
13. 亨利明白这是为什么吗？
14. 你知道亨利错在哪儿吗？

复述 Retelling

亨利是一位英国留学生，在中国
Hēnglì shì yí wèi Yīngguó liúxuéshēng, zài Zhōngguó
学习汉语已经有半年多了。他学习很努力，
xuéxí Hànyǔ yǐjīng yǒu bàn nián duō le. Tā xuéxí hěn nǔlì,
不管到哪儿，都带着他的汉语课本。不过，他
bùguǎn dào nǎr, dōu dàizhe tā de Hànyǔ kèběn. Búguò, tā
觉得只从课本上学是不够的。为了更
juéde zhǐ cóng kèběn shang xué shì búgòu de. Wèile gèng
快地提高自己的听说能力，还必须找机会
kuài de tígāo zìjǐ de tīng-shuō nénglì, hái bìxū zhǎo jīhui
多跟中国人说话。
duō gēn Zhōngguórén shuō huà.

有一次，他看见一个妇女抱着小孩儿在散
Yǒu yí cì, tā kàn jiàn yí ge fùnǚ bàozhe xiǎoháir zài sàn
步。亨利走了过去，看见这孩子白白的皮肤，
bù. Hēnglì zǒule guo qu, kàn jiàn zhè háizi báibái de pífū,
大大的眼睛，嘴里含着奶嘴儿，像个小天使，
dàdà de yǎnjing, zuǐ li hánzhe nǎizuǐr, xiàng ge xiǎo tiānshǐ,
就对那个妇女说："大姐，您的小孩儿真可爱！"
jiù duì nà ge fùnǚ shuō:"Dàjiě, nín de xiǎoháir zhēn kě'ài!"
那个妇女听见老外夸她的孩子，心里很
Nà ge fùnǚ tīng jiàn lǎowài kuā tā de háizi, xīnli hěn
高兴，说："谢谢！"亨利觉得这孩子很健康，
gāoxìng, shuō:"Xièxie!" Hēnglì juéde zhè háizi hěn jiànkāng,
可能不是用一般的牛奶喂养的，就问："他
kěnéng bú shì yòng yìbān de niúnǎi wèiyǎng de, jiù wèn:"Tā
每天喝您自己的牛奶吗？"那个妇女一听就
měi tiān hē nín zìjǐ de niúnǎi ma?" Nà ge fùnǚ yì tīng jiù

· 56 ·

生气 了, 大 声 说:"我 不是 母牛!" 小孩儿 被
shēngqì le, dà shēng shuō:"Wǒ bú shì mǔniú!" Xiǎoháir bèi

妈妈 吓哭 了,奶嘴儿 也 掉 了, 好像 还 吓出了
māma xiàkū le, nǎizuǐr yě diào le, hǎoxiàng hái xiàchūle

尿。亨利 不 明白 这 是 为 什么。你 知道 亨利
niào. Hēnglì bù míngbai zhè shì wèi shénme. Nǐ zhīdao hēnglì

错 在 哪儿 吗?
cuò zài nǎr ma?

4. 对话
Dialogue

玛丽: 麦克,你 认识 亨利 吗?
Mǎlì: Màikè, nǐ rènshi Hēnglì ma?

麦克: 太 认识 了! 他 是 我 的 哥儿们。
Màikè: Tài rènshi le! Tā shì wǒ de gērmen.

玛丽: 他 是 你 的 哥哥?
Mǎlì: Tā shì nǐ de gēge?

麦克: 不, 是 我 的 好 朋友。北京 男人 在 好
Màikè: Bù, shì wǒ de hǎo péngyou. Běijīng nánrén zài hǎo

　　　朋友 之间 常常 互相 叫"哥儿们"。
　　　péngyou zhījiān chángcháng hùxiāng jiào "gērmen".

玛丽: 不过, 中国人 说 你们 真 是 兄弟俩。
Mǎlì: Búguò, Zhōngguórén shuō nǐmen zhēn shì xiōngdìliǎ.

麦克: 在 中国人 眼里,老外 长 得 都 差 不
Màikè: Zài Zhōngguórén yǎn li, lǎowài zhǎng de dōu chà bu

　　　多, 像 一个 妈妈 生 的。
　　　duō, xiàng yí ge māma shēng de.

玛丽：亨利 学习 怎么样？
Mǎlì: Hēnglì xuéxí zěnmeyàng?

麦克：进步 很 快。
Màikè: Jìnbù hěn kuài.

玛丽：为 什么？
Mǎlì: Wèi shénme?

麦克：他 很 努力，学习 方法 也 好，除了 学习 书本
Màikè: Tā hěn nǔlì, xuéxí fāngfǎ yě hǎo, chúle xuéxí shūběn

知识 以外，还 常常 找 机会 跟 中国人
zhīshi yǐwài, hái chángcháng zhǎo jīhui gēn Zhōngguórén

谈 话、交 朋友。
tán huà、jiāo péngyou.

玛丽：他 做 得 对，否则 何必 来 中国 学习 汉语 呢？
Mǎlì: Tā zuò de duì, fǒuzé hébì lái Zhōngguó xuéxí Hànyǔ ne?

❖ 词语 Words and expressions ❖

1. 否则　　　fǒuzé　　　　　otherwise; if not
2. 何必　　　hébì　　　　　there is no need; why

· 58 ·

第二十三课

1. 这是什么动作？
What act is it?

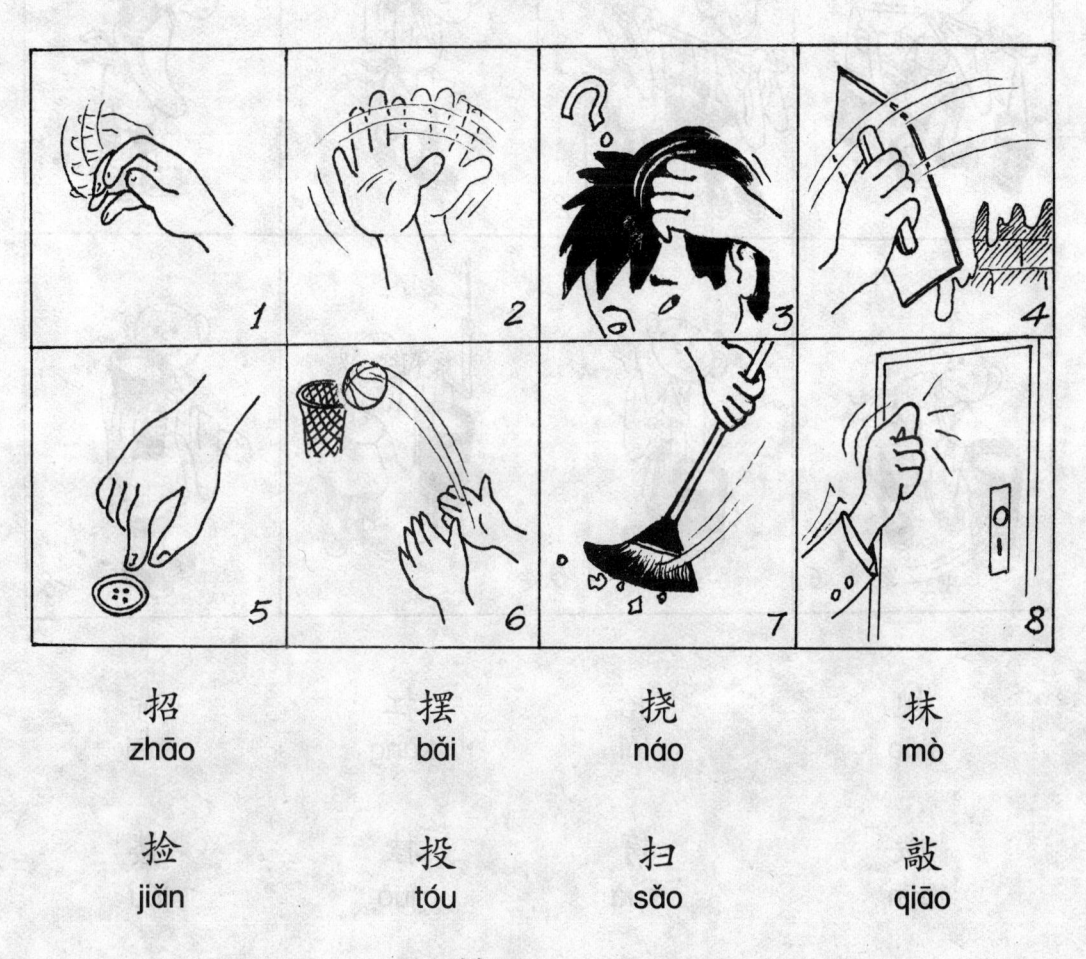

招 zhāo	摆 bǎi	挠 náo	抹 mò
捡 jiǎn	投 tóu	扫 sǎo	敲 qiāo

❖ 练习 Practise ❖

请用动作把上面学过的动词表演出来，同时说出相应的一句话。

Please put on a show with an action related to the verbs we have just learnt, and then say a relevant sentence.

· 59 ·

2. 他(们)在做什么?
What is (are) he (they) doing?

挑	抬	扛	背
tiāo	tái	káng	bēi

搬	挎	挂	搂
bān	kuà	guà	lǒu

❖ 词语 Words and expressions ❖

1. 和尚　　héshang　　monk
2. 扁担　　biǎndan　　carrying pole
3. 水桶　　shuǐtǒng　　bucket; pail

❖ 练习 Practise ❖

请说出图1~图8中的和尚在做什么。
Please tell us what the monk or the monks are doing in the pictures (1~8).

3. 看图说话
Talk about the pictures

打 招 呼

❖ 词语 Words and expressions ❖

1. 保罗　　　Bǎoluó　　　　Paul (name of a person)
2. 随便　　　suíbiàn　　　　casually
3. 方式　　　fāngshì　　　　way; form
4. 原来　　　yuánlái　　　　turn out
5. 友好　　　yǒuhǎo　　　　friend ship; friendly
6. 对象　　　duìxiàng　　　the person you talk to
7. 场合　　　chǎnghé　　　 situation; occasion

❖ 问题 Questions ❖

1. 保罗是谁?
2. 他在哪儿学习汉语?
3. 他为什么还不太了解中国人的习惯?
4. 有一天中午,两个中国朋友是怎样跟他打招呼的?
5. 他们打完招呼就怎么了?
6. 保罗为什么觉得奇怪?
7. 在保罗自己的国家,人们这样问吗?
8. 如果这样问,是什么意思?
9. 中国朋友的意思保罗懂了吗?
10. 后来,保罗看了一本什么书?
11. 从那本书里,他了解到了什么?
12. 看了那本书以后,保罗明白中国朋友的意思了吗?
13. 一天,他看见一位老人,为了表示友好,他对老人说了什么?
14. 老人听了说什么?
15. 保罗明白老人为什么生气吗?
16. 说话除了要注意发音和语法以外,还要注意什么?
17. 保罗用中国人的方式跟老人打招呼,老人为什么生气?

❖ 复述 Retell ❖

保罗 是一个 外国 留学生。他在 中国
Bǎoluó shì yí ge wàiguó liúxuéshēng. Tā zài Zhōngguó

学习 汉语。他来 中国 才 两个 多月，对
xuéxí Hànyǔ. Tā lái Zhōngguó cái liǎng ge duō yuè, duì

中国人 的 习惯 还不 太 了解。有 一 天
Zhōngguórén de xíguàn hái bú tài liǎojiě. Yǒu yì tiān

中午， 两 个 中国 朋友 跟 他 打 招呼：
zhōngwǔ, liǎng ge Zhōngguó péngyou gēn tā dǎ zhāohu:

"保罗，吃了吗？" 他 忙 说："还 没 吃 呢。" 这
"Bǎoluó, chī le ma?" Tā máng shuō: "Hái méi chī ne." Zhè

两 个 中国 朋友 摆了 摆 手，笑了 笑 就
liǎng ge Zhōngguó péngyou bǎile bǎi shǒu, xiàole xiào jiù

走 了。保罗 觉得 很 奇怪，他们 这样 问，问完了
zǒu le. Bǎoluó juéde hěn qíguài, tāmen zhèyàng wèn, wènwánle

又 为 什么 马上 就 走 了呢？在 他自己 的
yòu wèi shénme mǎshàng jiù zǒu le ne? Zài tā zìjǐ de

国家，人们 一般 不 随便 这样 问 的。如果
guójiā, rénmen yìbān bù suíbiàn zhèyàng wèn de. Rúguǒ

这样 问 了， 常常 是 想 邀请 他一起 去
zhèyàng wèn le, chángcháng shì xiǎng yāoqǐng tā yìqǐ qù

吃 饭。可是 这 两 个 中国 朋友 究竟 是
chī fàn. Kěshì zhè liǎng ge Zhōngguó péngyou jiūjìng shì

什么 意思 呢？
shénme yìsi ne?

后来,他 在 一 本 《中国人 怎样 打 招呼》
Hòulái, tā zài yì běn 《Zhōngguórén Zěnyàng Dǎ Zhāohu》

· 63 ·

的 书 里 了解 到 中国人 打招呼 的 各 种
de shū li liǎojiě dào Zhōngguórén dǎ zhāohu de gè zhǒng

方式。原来 问 "吃了吗" 也 是 打 招呼 的 方
fāngshì. Yuánlái wèn "chī le ma" yě shì dǎ zhāohu de fāng

式之一。保罗 明白 了。
shì zhī yī. Bǎoluó míngbai le.

　　一天，他看见一位 老人，为了 表示 友好，
Yì tiān, tā kàn jiàn yí wèi lǎorén, wèile biǎoshì yǒuhǎo,

对 老人 说："老大爷，您 吃了 吗？" 老人 很 生 气，
duì lǎorén shuō: "Lǎodàye, nín chī le ma?" Lǎorén hěn shēng qì,

说："你 这个 人有 病 啊？" 这是 怎么 一 回
shuō: "Nǐ zhè ge rén yǒu bìng a?" Zhè shì zěnme yì huí

事 呢？是 不 是 因为 我 的 发音 不 好，语法 有
shì ne? Shì bu shì yīnwèi wǒ de fāyīn bù hǎo, yǔfǎ yǒu

错误，老人 误会了 我 的 意思 了 呢？保罗 不 明白。
cuòwù, lǎorén wùhuìle wǒ de yìsi le ne? Bǎoluó bù míngbai.

　　看来，说 话 不仅要 注意 发音 和 语法，还 要
Kàn lai, shuō huà bùjǐn yào zhùyì fāyīn hé yǔfǎ, hái yào

注意 说 话 的 对象 和 场合。老人 刚 从
zhùyì shuō huà de duìxiàng hé chǎnghé. Lǎorén gāng cóng

厕所 出 来，怎么 能 用 "吃了 吗" 这样 的
cèsuǒ chū lai, zěnme néng yòng "chī le ma" zhèyàng de

话 来 打 招呼 呢？
huà lái dǎ zhāohu ne?

· 64 ·

4. 对话
Dialogue

麦克：玛丽，上 哪儿 去 啊？
Màikè: Mǎlì, shàng nǎr qù a?

玛丽：我 去 哪儿 跟 你 有 什么 关系？该 问 的
Mǎlì: Wǒ qù nǎr gēn nǐ yǒu shénme guānxi? Gāi wèn de

问，不 该 问 的 别 问！
wèn, bù gāi wèn de bié wèn!

麦克：这，你 就 不 懂 了 吧？我 这 是 按 中国人
Màikè: Zhè, nǐ jiù bù dǒng le ba? Wǒ zhè shì àn Zhōngguórén

的 习惯 跟 你 打 招呼 呢！
de xíguàn gēn nǐ dǎ zhāohu ne!

玛丽：是 吗？那，我 该 怎么 回答 呢？
Mǎlì: Shì ma? Nà, wǒ gāi zěnme huídá ne?

麦克：如果 你 愿意，可以 如实 回答；不 愿意，也 可以
Màikè: Rúguǒ nǐ yuànyì, kěyǐ rúshí huídá; bú yuànyì, yě kěyǐ

简单 回答。
jiǎndān huídá.

玛丽：怎么 简单 回答？
Mǎlì: Zěnme jiǎndān huídá?

麦克：你 只要 说："啊，出 去 一下。"
Màikè: Nǐ zhǐyào shuō: "A, chū qu yíxià."

玛丽：这 不 等于 没 回答 吗？
Mǎlì: Zhè bù děngyú méi huídá ma?

麦克：这 就 够 了。别人 只是 表示 友好，跟 你
Màikè: Zhè jiù gòu le. Biéren zhǐshì biǎoshì yǒuhǎo, gēn nǐ

　　　　打 招呼，并不 真 想 知道 你去的地方。
　　　　dǎ zhāohu, bìng bù zhēn xiǎng zhīdao nǐ qù de dìfang.

玛丽：哦，我 明白 了。麦克，今天 天气 怎么样？
Mǎlì： Ò, wǒ míngbai le. Màikè, jīntiān tiānqì zěnmeyàng?

麦克：天气？不 刮 风，不 下 雨……，你自己看 嘛，
Màikè：Tiānqì? Bù guā fēng, bú xià yǔ……, nǐ zìjǐ kàn ma,

　　　我 知道 的 不 比 你 知道 的 多！
　　　wǒ zhīdao de bù bǐ nǐ zhīdao de duō!

玛丽：我 这 也 是 跟 你 打 招呼 哪！ 不过 是 按
Mǎlì： Wǒ zhè yě shì gēn nǐ dǎ zhāohu na! Búguò shì àn

　　　英国人 的 习惯。
　　　Yīngguórén de xíguàn.

词语 Words and expressions

1. 按　　　　àn　　　　　according to
2. 如实　　　rúshí　　　　according to the facts
3. 等于　　　děngyú　　　equal to

第二十四课

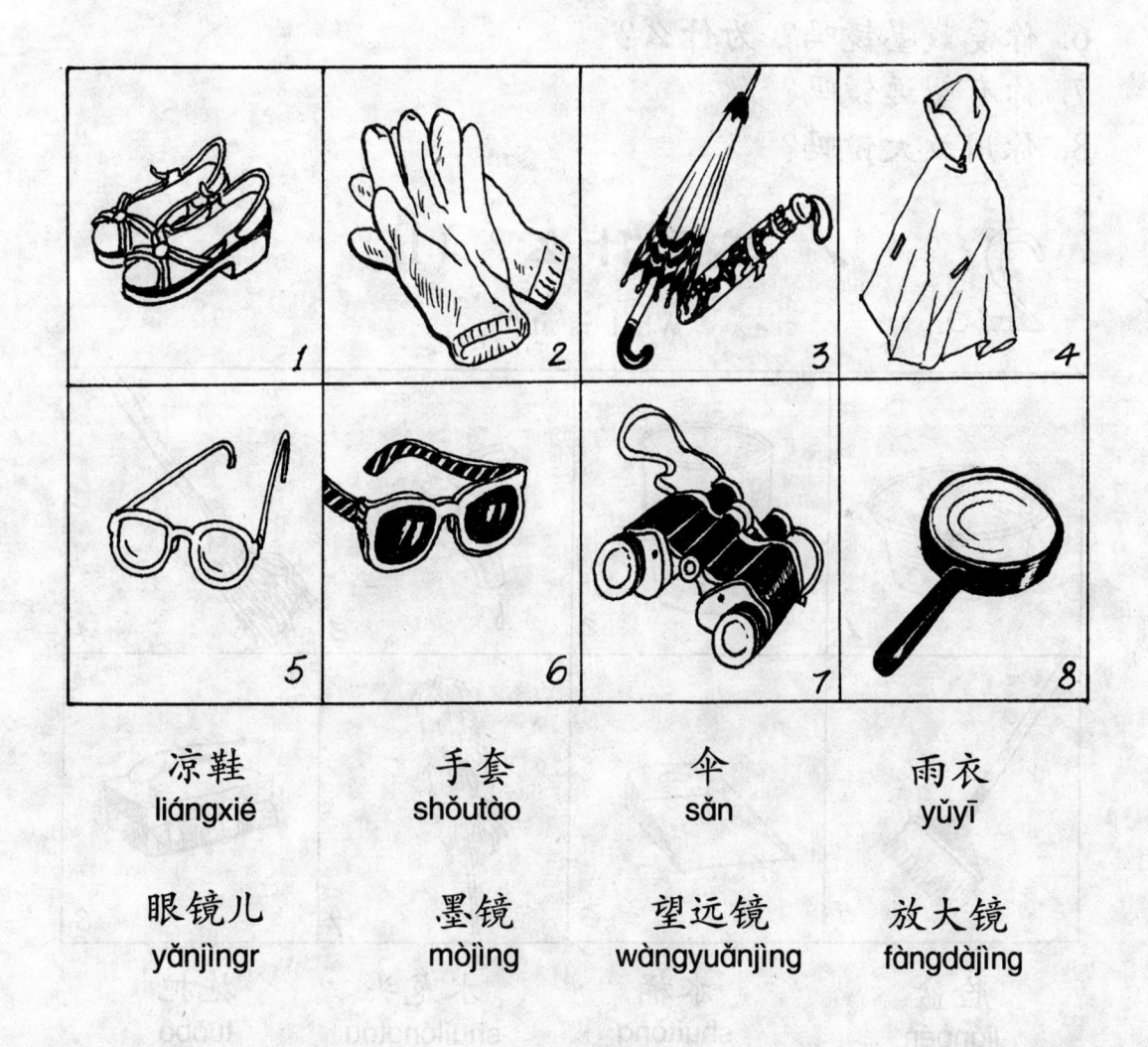

1. 这是什么？（A）
What is it?

凉鞋 liángxié	手套 shǒutào	伞 sǎn	雨衣 yǔyī
眼镜儿 yǎnjìngr	墨镜 mòjìng	望远镜 wàngyuǎnjìng	放大镜 fàngdàjìng

◈ 词语 Words and expressions ◈

近视　　jìnshì　　　　short-sighted

❖ 问题 Questions ❖

1. 你在什么季节穿凉鞋？
2. 你在什么季节戴手套？
3. 下雨的时候你爱打伞还是穿雨衣？
4. 你的眼睛近视吗？多少度？
5. 你不戴眼镜儿能看书吗？为什么？
6. 你爱戴墨镜吗？为什么？
7. 你有望远镜吗？
8. 你用放大镜吗？

2. 这是什么？（B）
What is it?

| 脸盆 | 水桶 | 水龙头 | 拖把 |
| liǎnpén | shuǐtǒng | shuǐlóngtóu | tuōbǎ |

| 笤帚 | 簸箕 | 掸子 | 刷子 |
| tiáozhou | bòji | dǎnzi | shuāzi |

❖ 词语 Words and expressions ❖

1. 垃圾　　　lājī　　　　　　　　rubbish; garbage
2. 尘土　　　chéntǔ　　　　　　dust
3. 用处　　　yòngchu　　　　　　use

❖ 练习 Practise ❖

请说出上面所学的这些东西的用处。
Please tell us the use of all these things we have just learnt.

3. 看图说话
Talk about the picture

钓　鱼

· 69 ·

词语 Words and expressions

1. 普遍　　　　pǔbiàn　　　　　　　widespread
2. 惟一　　　　wéiyī　　　　　　　 only
3. 鱼竿　　　　yúgān　　　　　　　 fishing rod
4. 鱼钩　　　　yúgōu　　　　　　　 fishhook
5. 上钩　　　　shàng gōu　　　　　 get on the fishhook
6. 耐心　　　　nàixīn　　　　　　　patience; patient
7. 轻松愉快　　qīngsōng yúkuài　　 happy and relaxed
8. 警惕　　　　jǐngtì　　　　　　　be vigilant

问题 Questions

1. 在你们国家,有很多人喜欢钓鱼吗?
2. 这两位先生爱好什么?
3. 他们只是爱好一样吗?
4. 前面的先生戴着墨镜吗?
5. 后面的先生也戴着墨镜吗?
6. 戴不戴墨镜是他们惟一的不同吗?
7. 前面的那位先生在做什么?
8. 他钓上鱼了吗?
9. 他钓鱼靠什么?
10. 后面那位先生手握什么?
11. 他的鱼钩在河里吗?
12. 他钓鱼难不难?
13. 这两位先生最大的不同是什么?
14. 在我们的生活中,后面那种钓鱼人多不多?
15. 看了这幅漫画,你想说些什么?

❖ 复述 Retell ❖

钓鱼是人们的一种普遍爱好。这两位先生就是钓鱼爱好者。他们不只是爱好一样，而且衣服、裤子、鞋子、帽子、钓鱼的工具都没有太大的不同。那么惟一的不同只是前面的先生戴了一副墨镜吗？不，如果这样看就错了。

你看，前面的那位先生手握鱼竿，静静地等着河里的鱼儿上钩。就这样，他靠自己的技术和耐心，已经钓上了好几条鱼；后面的那位先生也手握鱼竿，鱼钩却在前面那位先生的水桶里。他轻松愉快地就把鱼钓到自己的水桶里了。

朋友，您 说 这 两 位 先生 最 大 的
Péngyou, nín shuō zhè liǎng wèi xiānsheng zuì dà de

不 一样 是 什么？
bù yíyàng shì shénme?

在 我们 的 生活 中， 后面 那 种
Zài wǒmen de shēnghuó zhōng, hòumian nà zhǒng

钓鱼人 可能 不 少。我们 要 警惕 啊！
diàoyúrén kěnéng bù shǎo. Wǒmen yào jǐngtì a!

4. 对话
Dialogue

玛丽：麦克，钓 鱼 去 了？
Mǎlì: Màikè, diào yú qu le?

麦克：是 啊，跟 亨利 一起 去 的。早上 五 点 就
Màikè: Shì a, gēn Hēnglì yìqǐ qù de. Zǎoshang wǔ diǎn jiù

　　　出发 了。
　　　chūfā le.

玛丽：现在 天 都 黑 了，刚 回来？
Mǎlì: Xiànzài tiān dōu hēi le, gāng huí lai?

麦克：可不，打 的 回来 的。
Màikè: Kěbù, dǎ dī huí lai de.

玛丽：远 不 远？
Mǎlì: Yuǎn bu yuǎn?

· 72 ·

麦克：远 着 哪！打 的 来回，路上 花了 两 个
Màikè: Yuǎn zhe na! Dǎ dī láihuí, lùshang huāle liǎng ge

多 小时，付了 三百 多 块。
duō xiǎoshí, fùle sānbǎi duō kuài.

玛丽：就 钓 来这么 一条 小
Mǎlì: Jiù diào lai zhème yì tiáo xiǎo

鱼儿？还 不 够 猫
yúr? Hái bú gòu māo

吃 一 顿 的 呢！市场
chī yí dùn de ne! Shìchǎng

上 活鱼才 五六
shang huóyú cái wǔ-liù

块 钱 一 斤。你
kuài qián yì jīn. Nǐ

算算， 三百 多 块
suànsuan, sānbǎi duō kuài

钱 的 路费 能 买 多少 斤 活鱼？还
qián de lùfèi néng mǎi duōshao jīn huóyú? Hái

花了 整整 一 天 的 时间！
huāle zhěngzhěng yì tiān de shíjiān!

麦克：这，你 就 不 懂 了。钓 鱼是 一 种 娱乐，不
Màikè: Zhè, nǐ jiù bù dǒng le. Diào yú shì yì zhǒng yúlè, bú

在乎 钓 到 多少 鱼。
zàihu diào dào duōshao yú.

玛丽：哦！你们 这 是"醉翁 之意不在 酒"啊！
Mǎlì: Ò! Nǐmen zhè shì "zuì wēng zhī yì bú zài jiǔ" a!

· 73 ·

词语 Words and expressions

1. 路费　　　　　　　　lùfèi　　　　　　　　travelling expenses
2. 娱乐　　　　　　　　yúlè　　　　　　　　 fun; amusement
3. 不在乎　　　　　　　bú zàihu　　　　　　 not care; not mind
4. 醉翁之意不在酒　　　zuì wēng zhī　　　　the drinker's heart is not
　　　　　　　　　　　 yì bú zài jiǔ　　　　in the cup, but with other
　　　　　　　　　　　　　　　　　　　　　 motives

第二十五课

1. 这是什么？ (A)
What is it?

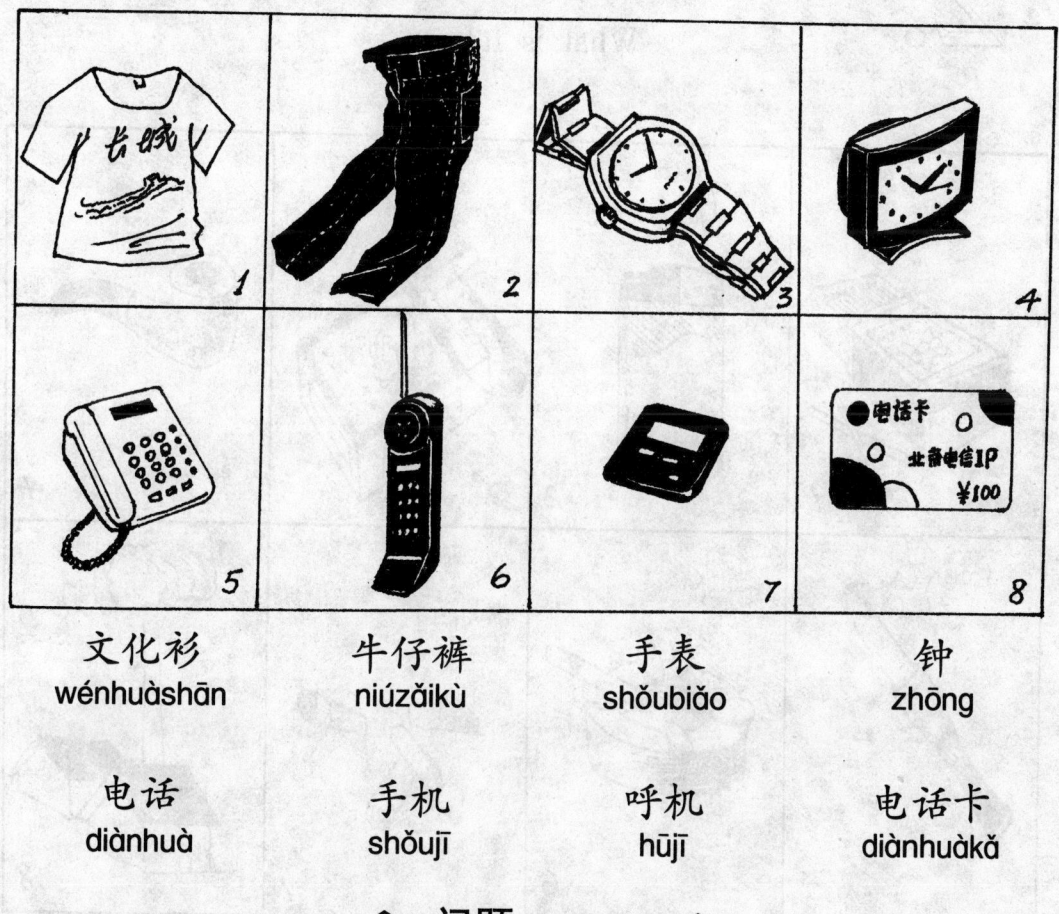

文化衫 wénhuàshān	牛仔裤 niúzǎikù	手表 shǒubiǎo	钟 zhōng
电话 diànhuà	手机 shǒujī	呼机 hūjī	电话卡 diànhuàkǎ

❖ 问题 Questions ❖

1. 你常常穿文化衫吗？你有几件文化衫？
2. 最早穿牛仔裤的人是哪国人？
3. 你的手表走得怎么样？
4. 你的房间里有钟吗？

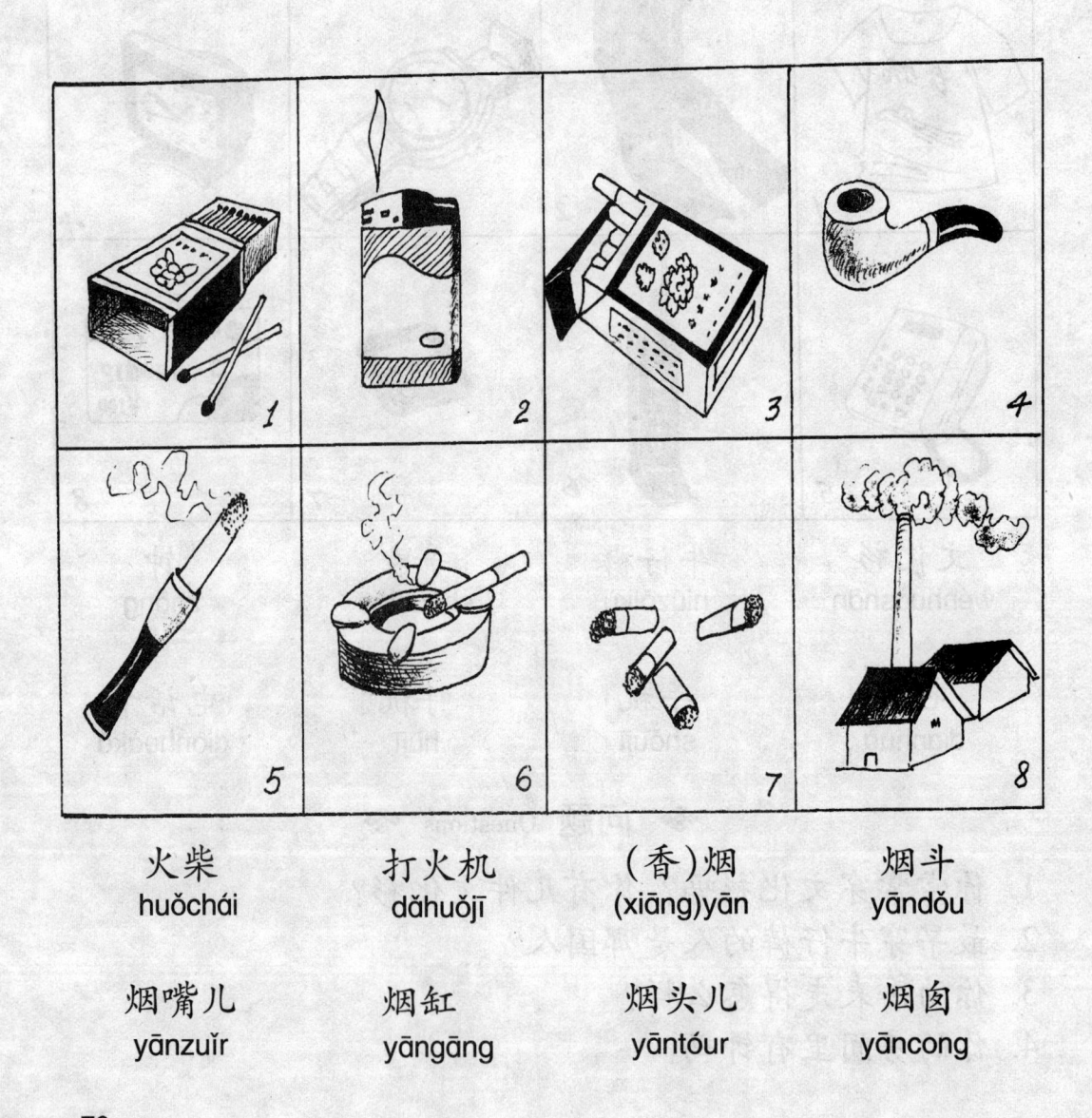

5. 什么时间打电话比较便宜？
6. 你有手机吗？
7. 你用呼机做什么？
8. 你用电话卡打电话吗？

2. 这是什么？(B)
What is it?

火柴 huǒchái	打火机 dǎhuǒjī	（香）烟 (xiāng)yān	烟斗 yāndǒu
烟嘴儿 yānzuǐr	烟缸 yāngāng	烟头儿 yāntóur	烟囱 yāncong

◈ 词语 Words and expressions ◈

1. 发明　　　fāmíng　　　　invent
2. 烟草　　　yāncǎo　　　　tobacco
3. 冒烟　　　mào yān　　　(of smoke) rise

◈ 问题 Questions ◈

1. 发明火柴以前人们怎么取火？

2. 你用打火机吗？

3. 你抽烟吗？

4. 你家有人用烟斗抽烟草吗？

5. 你用烟嘴儿抽烟吗？

6. 你的房间里有烟缸吗？

7. 烟头应该扔在哪儿？

8. 烟囱里冒出来的烟对健康有害处吗？

3. 看图说话
Talk about the pictures

烟瘾

词语 Words and expressions

1. 烟瘾　　　yānyǐn　　　　　a craving for tobacco
2. 劝　　　　quàn　　　　　　persuade; advise
3. 烟灰　　　yānhuī　　　　　cigarette ash
4. 乌烟瘴气　wū yān zhàng qì　foul atmosphere
5. 烟鬼　　　yānguǐ　　　　　heavy smoker
6. 害　　　　hài　　　　　　　harm
7. 夺　　　　duó　　　　　　take by force
8. 茶几　　　chájī　　　　　tea table; side table
9. 顶　　　　dǐng　　　　　　top
10. 心疼　　　xīnténg　　　　love dearly

问题 Questions

1. 这位先生的烟瘾大不大？
2. 他妻子反对他抽烟吗？
3. 他听不听妻子的劝？
4. 今天他的烟瘾怎么样？
5. 他在家做什么？
6. 他妻子从哪儿出来？
7. 他妻子看见屋子里怎么样了？
8. 妻子生气吗？
9. 妻子把他叫做什么？
10. 空气里到处都是什么？
11. 妻子认为抽烟怎么样？
12. 丈夫嘴里叼着什么？
13. 茶几上有烟吗？

14. 妻子做什么？
15. 丈夫说什么？
16. 这时候,这位先生看见了什么？
17. 家里不让抽烟,他怎么办？
18. 没有烟,他是怎么想的？
19. 于是,他做了什么？
20. 快爬到顶的时候,他听见了什么？
21. 她妻子哭喊什么？
22. 他觉得谁最心疼他？

复述 Retell

这 位 先 生 烟瘾 很 大, 抽 烟抽 得
Zhè wèi xiānsheng yānyǐn hěn dà, chōu yān chōu de

很 厉害。他 妻子 反对 他 抽 烟, 多 次 劝 他 把
hěn lìhai. Tā qīzi fǎnduì tā chōu yān, duō cì quàn tā bǎ

烟 戒掉, 可是 他 总是 不 听。今天, 他 的 烟瘾
yān jièdiào, kěshì tā zǒngshì bù tīng. Jīntiān, tā de yānyǐn

又 上 来 了,在 家里 吞 云 吐 雾, 一 支 又 一 支
yòu shàng lai le, zài jiā li tūn yún tǔ wù, yì zhī yòu yì zhī

地 抽 个 没 完。
de chōu ge méi wán.

他 妻子 从 厨房 里 出 来, 看 见 烟缸 里、
Tā qīzi cóng chúfáng li chū lai, kàn jiàn yāngāng li、

地上 到处 都 是 烟头儿 和 烟灰, 而且 满 屋子
dì shang dàochù dōu shì yāntóur hé yānhuī, érqiě mǎn wūzi

乌 烟 瘴 气。妻子 非常 生 气, 说:"你 这 个 烟鬼,
wū yān zhàng qì. Qīzi fēicháng shēng qì, shuō: "Nǐ zhè ge yānguǐ,

把 屋子 弄 成了 什么 样子 了? 空气 里
bǎ wūzi nòng chéngle shénme yàngzi le? Kōngqì li

到处 都 是 烟味儿。你 抽 烟 不仅 害了自己,还
dàochù dōu shì yānwèir. Nǐ chōu yān bùjǐn hàile zìjǐ, hái

害了 别人!"
hàile biérén!"

　　说着, 她 把 丈夫 嘴里 叼着 的 烟 和 茶几
　　Shuōzhe, tā bǎ zhàngfu zuǐ li diāozhe de yān hé chájī

上 那 包 烟 夺 过来,一起 扔 在 地 上
shang nà bāo yān duó guo lai, yìqǐ rēng zài dì shang

用 脚 踩。这 位 先生 吓 得一 句 话 也
yòng jiǎo cǎi. Zhè wèi xiānsheng xià de yí jù huà yě

说 不 出 来。
shuō bu chū lái.

　　这 时候,他 看见 门 外 有 几 根 烟囱
　　Zhè shíhou, tā kàn jiàn mén wài yǒu jǐ gēn yāncong

正在 冒烟。他 想, 家里 不 让 抽 烟, 我
zhèngzài mào yān. Tā xiǎng, jiā li bú ràng chōu yān, wǒ

上 外边儿 去 抽;没有 烟, 烟囱 上边儿 有
shàng wàibianr qù chōu; méiyǒu yān, yāncong shàngbianr yǒu

的 是 烟。于是,他 爬上了 烟囱, 快要 爬 到
de shì yān. Yúshì, tā páshàngle yāncong, kuàiyào pá dào

顶 的 时候,他 听见 妻子 在 下边儿 哭 喊:"下 来
dǐng de shíhou, tā tīng jiàn qīzi zài xiàbianr kū hǎn: "Xià lai

吧, 亲爱 的! 我 给 你 烟, 随便 抽, 想 抽
ba, qīn'ài de! Wǒ gěi nǐ yān, suíbiàn chōu, xiǎng chōu

· 81 ·

多少 就 抽 多少！我 再 也 不 管 你 啦！"
duōshao jiù chōu duōshao! Wǒ zài yě bù guǎn nǐ la!"

看 来，还 是 他 的 妻子 心疼 他 呀！
Kàn lai, hái shì tā de qīzi xīnténg tā ya!

4. 对话
Dialogue

妻：亲爱 的，快 下 来！上边儿 危险！
qī: Qīn'ài de, kuài xià lai! Shàngbianr wēixiǎn!

夫：我 要 抽 烟，不 下 来！
fū: Wǒ yào chōu yān, bú xià lai!

妻：烟囱 里 的 烟 是 不 能 抽 的！我 手 里
qī: Yāncong li de yān shì bù néng chōu de! Wǒ shǒu li

有 好 烟，快 下 来！
yǒu hǎo yān, kuài xià lai!

夫：不 下 来！你 管 我 管 得 太 厉害！
fū: Bú xià lai! Nǐ guǎn wǒ guǎn de tài lìhai!

妻：我 再 也 不 管 你 了，你 爱 抽 多少 就
qī: Wǒ zài yě bù guǎn nǐ le, nǐ ài chōu duōshao jiù

抽 多少。
chōu duōshao.

夫：真 的 吗？
fū: Zhēn de ma?

妻：你 放 心，我 说 话 一定 算 数！下 来 吧！
qī: Nǐ fàng xīn, wǒ shuō huà yídìng suàn shù! Xià lai ba!

夫：我 怕！
fū: Wǒ pà!

妻：你 上 去 不 怕，下 来 怕 什么？
qī: Nǐ shàng qu bú pà, xià lai pà shénme?

夫：怕 你！
fū: Pà nǐ!

❖ 词语 Words and expressions ❖

我说话算数　　wǒ shuō huà suàn shù　　　I mean what I say

· 83 ·

第二十六课

1. 她在做什么?
   What is she doing?

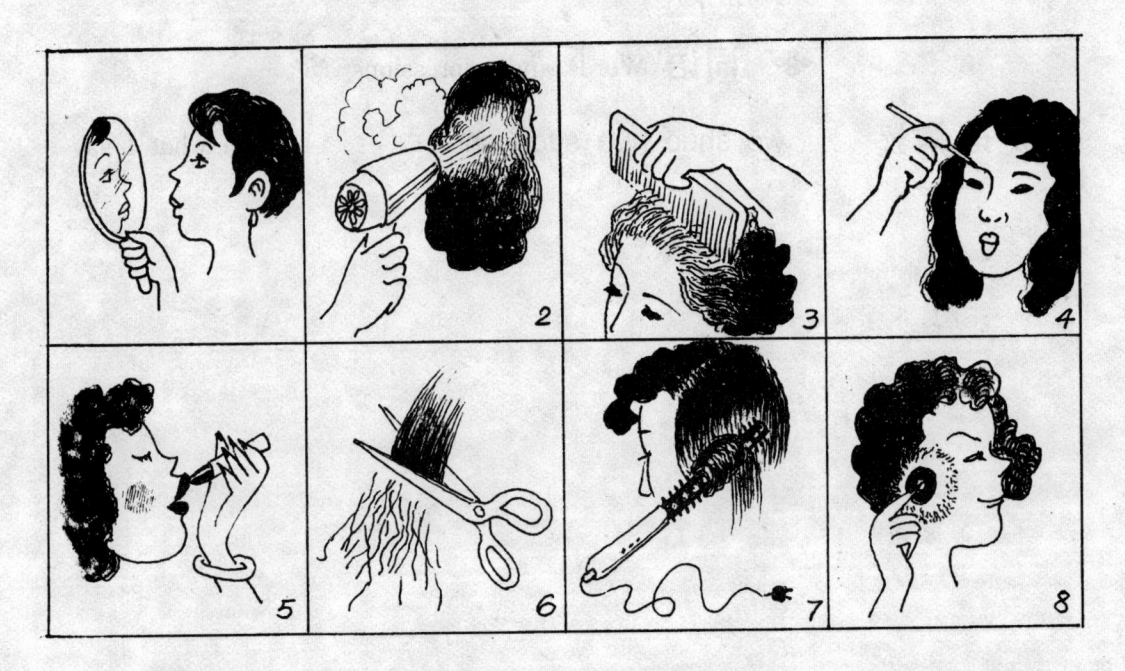

| 照镜子 | 吹风 | 梳头 | 描眉 |
| zhào jìngzi | chuī fēng | shū tóu | miáo méi |

| 涂口红 | 剪发 | 卷发 | 搽粉 |
| tú kǒuhóng | jiǎn fà | juǎn fà | chá fěn |

词语 Words and expressions

1. 嘴唇　　zuǐchún　　　　lip
2. 美发厅　měifàtīng　　　hairdresser's

❖ 问题 Questions ❖

1. 有人喜欢照镜子,这是为什么?
2. 洗完头,你用吹风机吹风吗?
3. 起床以后你用梳子梳头吗?
4. 你有描眉的眉笔吗?
5. 你的嘴唇涂口红吗?
6. 头发长了你在哪儿剪发?
7. 你的头发是用卷发器卷的吗?
8. 在脸上搽粉好不好看?

2. 这是什么?

What is it?

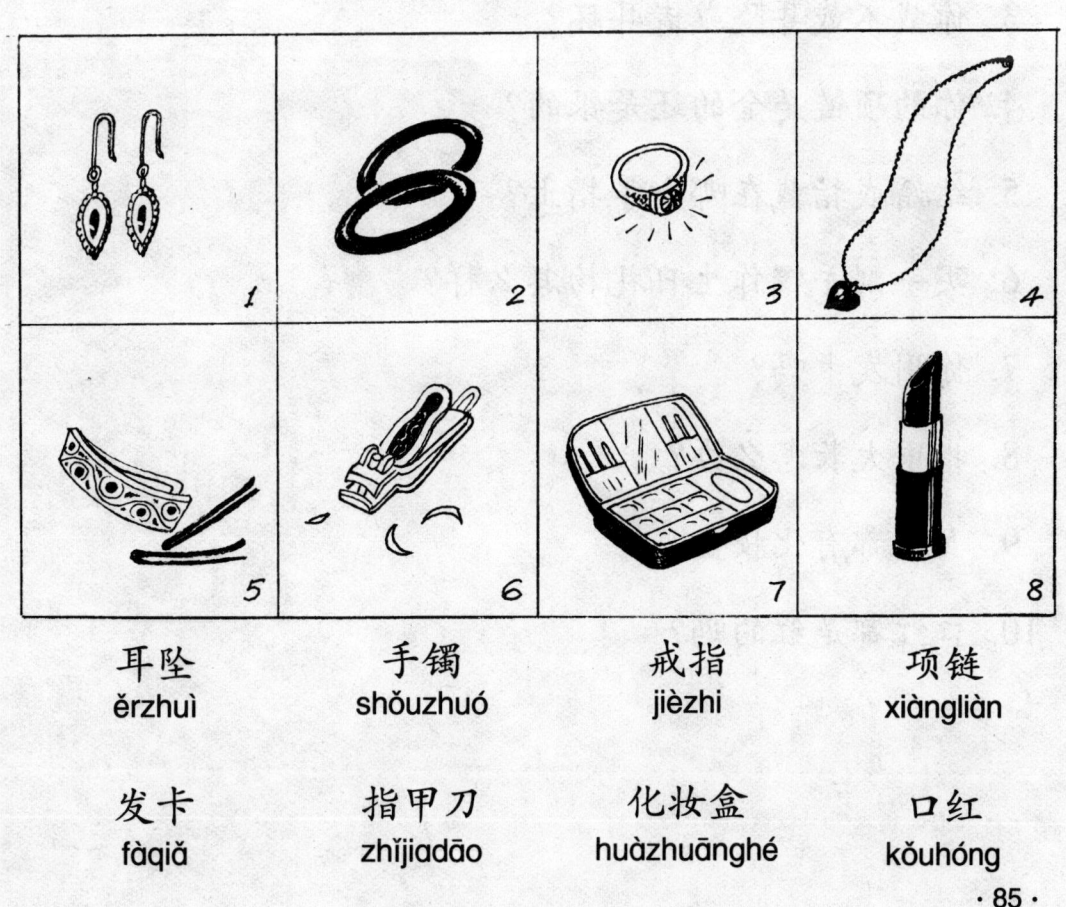

耳坠 ěrzhuì

手镯 shǒuzhuó

戒指 jièzhi

项链 xiàngliàn

发卡 fàqiǎ

指甲刀 zhǐjiadāo

化妆盒 huàzhuānghé

口红 kǒuhóng

· 85 ·

词语 Words and expressions

1. 手指　　shǒuzhǐ　　finger
2. 首饰　　shǒushi　　(women's personal) ornaments
3. 耳环　　ěrhuán　　earrings

耳环
ěrhuán

问题 Questions

1. 这些东西都是女人用的吗？

2. 你有哪些首饰？

3. 你戴不戴耳坠或者耳环？

4. 你的项链是金的还是银的？

5. 结婚戒指戴在哪个手指上？

6. 买一副手镯作生日礼物怎么样？

7. 你用发卡吗？

8. 指甲太长怎么办？

9. 女人都有化妆盒吗？

10. 口红都是红的吗？

3. 看图说话

Talk about the pictures

约 会

词语 Words and expressions

1. 约会　　yuēhuì　　　appointment
2. 眼影　　yǎnyǐng　　　eye-shadow
3. 睫毛膏　jiémáogāo　　eyelash paste; mascara
4. 抬头　　tái tóu　　　raise one's head
5. 大花脸　dàhuāliǎn　　big flowery face (a division of the roles in Beijing opera)

大花脸
dàhuāliǎn

· 87 ·

❖ 问题 Questions ❖

1. 这位小姐爱美吗？
2. 每次和男朋友约会前都要做什么？
3. 今天她和男朋友约好在哪儿见面？
4. 出发前她怎么打扮自己？
5. 打扮完了，她觉得自己怎么样？
6. 她想今天要让男朋友怎么样？
7. 她离开家去公园的时候心情怎么样？
8. 到了公园，男朋友来了吗？为什么？
9. 男朋友还没来，她怎么办？
10. 忽然天气怎么了？
11. 她怎么办？为什么？
12. 手绢儿盖在头上有用吗？为什么？
13. 男朋友终于来了吗？
14. 男朋友手里拿着什么？
15. 这时雨停了吗？
16. 这位小姐抬起头来，她的男朋友怎么了？
17. 男朋友为什么大吃一惊？

❖ 复述 Retell ❖

这 位 小姐 很 爱美, 每 次 和 男 朋友
Zhè wèi xiǎojie hěn ài měi, měi cì hé nán péngyou

约会 前, 都 要 花 很 多 时间 仔细 打扮。今天
yuēhuì qián, dōu yào huā hěn duō shíjiān zǐxì dǎban. Jīntiān

她 和 男 朋友 约好 在 公园 见 面。出发
tā hé nán péngyou yuēhǎo zài gōngyuán jiàn miàn. Chūfā

· 88 ·

前她涂了口红，描了眉，上了眼影和睫毛膏，又戴上耳坠、手镯、项链和戒指。她照了照镜子，觉得自己特漂亮，跟电影明星似的，心想今天我要让男朋友大吃一惊。

她高高兴兴地离开了家，向公园走去。到了公园一看表，离约会的时间还早，男朋友还没来。她坐在公园的椅子上等着。

忽然下起了大雨。她没有带雨伞，附近又没有躲雨的地方。她用手绢儿盖在头上，可那有什么用呢？雨实在太大了，雨水把她全身淋得像只落汤鸡。

男　　朋友　打着　伞，拿着　鲜花　终于　来了。
Nán péngyou dǎzhe sǎn, názhe xiānhuā zhōngyú lái le.

这　时　雨已经　停了。她 抬起　头 来，男　朋友
Zhè shí yǔ yǐjīng tíng le. Tā táiqǐ tóu lai, nán péngyou

果然　大 吃 一 惊，只 见 她 脸 上　 红 一 块，
guǒrán dà chī yì jīng, zhǐ jiàn tā liǎn shang hóng yí kuài,

黑 一 块，就　像 京剧 里 的 大花脸！
hēi yí kuài, jiù xiàng jīngjù li de dàhuāliǎn!

4. 对话
Dialogue

麦克：玛丽，今天 你 打扮 得 比 哪 天 都 漂亮。
Màikè: Mǎlì, jīntiān nǐ dǎban de bǐ nǎ tiān dōu piàoliang.

玛丽：谢谢。
Mǎlì: Xièxie.

麦克：女人 嘛，就 应该 打扮 打扮，这 才 更
Màikè: Nǚrén ma, jiù yīnggāi dǎban dǎban, zhè cái gèng

　　　像　个 女人。
　　　xiàng ge nǚrén.

玛丽：你 是 说 我 以前 不 像 女人？
Mǎlì: Nǐ shì shuō wǒ yǐqián bú xiàng nǚrén?

麦克：我……我 不 是 这 个 意思。我 是 说……
Màikè: Wǒ…… wǒ bú shì zhè ge yìsi. Wǒ shì shuō……

玛丽：别 说了。最近我 心情 很 糟糕，所以 今天
Mǎlì: Bié shuō le. Zuìjìn wǒ xīnqíng hěn zāogāo, suǒyǐ jīntiān

我特意涂了 点儿 口红，描了 描 眉，涂了点儿
wǒ tèyì túle diǎnr kǒuhóng, miáole miáo méi, túle diǎnr

眼影 和 睫毛膏。这样， 心情 会 好 些。
yǎnyǐng hé jiémáogāo. Zhèyàng, xīnqíng huì hǎo xiē.

麦克：原来 打扮 也是 治 女人 心情 不 好 的
Màikè: Yuánlái dǎban yě shì zhì nǚrén xīnqíng bù hǎo de

良药 啊！可是 你有 什么 不 愉快的 事，
liángyào a! Kěshì nǐ yǒu shénme bù yúkuài de shì,

能 告诉 我 吗?
néng gàosu wǒ ma?

玛丽：没 什么。还 不 是 因为 这 次 考试 没
Mǎlì: Méi shénme. Hái bú shì yīnwèi zhè cì kǎoshì méi

考好，语法 只 得了 62 分！
kǎohǎo, yǔfǎ zhǐ déle liùshí'èr fēn!

麦克：及 格就 行 了，
Màikè: Jí gé jiù xíng le,

别 想它 了！
bié xiǎng tā le!

玛丽：怎么 能 不 想?
Mǎlì: Zěnme néng bù xiǎng?

我一 想起 这 件 事
Wǒ yì xiǎngqǐ zhè jiàn shì

就……就要 掉 眼泪。
jiù…… jiù yào diào yǎnlèi.

麦克：别,别！你最好 现在 别 哭！
Màikè: Bié, bié! Nǐ zuì hǎo xiànzài bié kū!

玛丽：为　什么？
Mǎlì： Wèi　shénme?

麦克：现在　你一哭,再一揉　眼睛, 不　就　成了
Màikè： Xiànzài nǐ yì kū, zài yì róu yǎnjing, bú jiù chéngle

中国　　大熊猫　　啦！
Zhōngguó dàxióngmāo la!

❖　词语 Words and expressions　❖

1. 特意　　tèyì　　　　specially
2. 良药　　liángyào　　good medicine
3. 及格　　jí gé　　　　pass a test or an examination
4. 揉　　　róu　　　　rub
5. 大熊猫　dàxióngmāo panda

大熊猫
dàxióngmāo

第二十七课

1. 这是什么?
What is it?

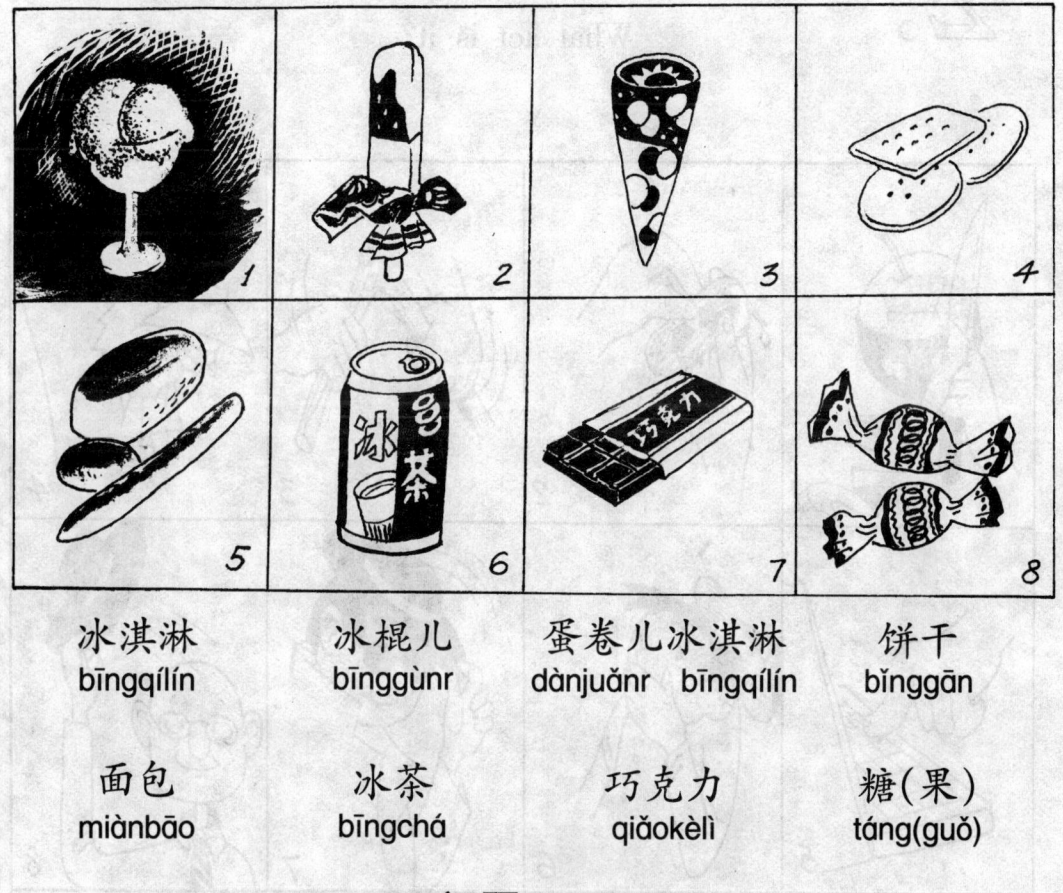

冰淇淋 bīngqílín	冰棍儿 bīnggùnr	蛋卷儿 冰淇淋 dànjuǎnr bīngqílín	饼干 bǐnggān
面包 miànbāo	冰茶 bīngchá	巧克力 qiǎokèlì	糖(果) táng(guǒ)

❖ 问题 Questions ❖

1. 冰淇淋好吃吗?吃多了会怎么样?
2. 你冬天吃冰棍儿吗?
3. 你爱吃冰棍儿还是爱吃蛋卷儿冰淇淋?
4. 饼干都是甜的吗?
5. 你会烤面包吗?

6. 你喝过冰茶吗？
7. 哪国的巧克力最有名？
8. 在你们国家结婚的时候有用糖果招待客人的习惯吗？

2. 这是什么动作？
What act is it?

| 削 xiāo | 剥 bāo | 折 zhé | 撕 sī |

| 按 àn | 捂 wǔ | 戴 dài | 摘 zhāi |

❖ 词语 Words and expressions ❖

1. 花生　　　huāshēng　　　peanut
2. 木棍儿　　mùgùnr　　　　wood stick

❖ 问题 Questions ❖

1. 你吃苹果削不削皮？

2. 图2在剥什么？

3. 他把什么东西折断了？（图3）

4. 他把什么东西撕了？（图4）

5. 图5在按什么？

6. 什么时候人们常常会用手捂嘴？

7. 图7里的人为什么戴帽子？

8. 图8里的人为什么摘帽子？

3. 看图说话
Talk about the pictures

问 路

❖ 词语 Words and expressions ❖

1.	约翰	Yuēhàn	John (name of a person)
2.	迷路	mí lù	lose one's way
3.	气	qì	get angry
4.	莫名其妙	mò míng qí miào	be baffled; odd
5.	讨厌	tǎoyàn	nasty; disgusting
6.	亲吻	qīnwěn	kiss

· 96 ·

7. 反感	fǎngǎn	be averse to; be disgusted with
8. 由此可见	yóu cǐ kějiàn	it shows; thus it can be seen
9. 误会	wùhuì	misunderstand
10. 甚至	shènzhì	even
11. 闹笑话	nào xiàohua	make a funny mistake

❖ 问题 Questions ❖

1. 有一天,约翰上街发生了什么事?

2. 他现在在哪儿?

3. 他为什么在车站犹豫了半天?

4. 正在这个时候,来了一个什么人?

5. 约翰对这位小姐说什么?

6. 约翰为什么马上解释?

7. 他是怎么解释的?

8. 约翰的话还没说完,那位小姐怎么了?

9. 她对约翰说什么?

10. 约翰为什么觉得莫名其妙?

11. 原来,约翰说汉语不注意什么?

12. 对一个陌生的姑娘说这样的话,会怎么样?

13. 由此可见,汉语的声调重要吗?

14. 汉语的声调为什么很重要?

复述 Retelling

有 一 天，约翰 上 街 迷了路，不 知道 该
Yǒu yì tiān, Yuēhàn shàng jiē míle lù, bù zhīdao gāi

坐 哪 路 公共 汽车 回 学校。他 在 398
zuò nǎ lù gōnggòng qìchē huí xuéxiào. Tā zài sānjiǔbā

公共 汽车站 犹豫了 半天， 心 想， 这
gōnggòng qìchēzhàn yóuyùle bàntiān, xīn xiǎng, zhè

398 公共 汽车 是 去 哪儿 的？到 不 到
sānjiǔbā gōnggòng qìchē shì qù nǎr de? Dào bu dào

学校 呢？ 正在 这 个 时候，来了 一 位 漂亮
xuéxiào ne? Zhèngzài zhè ge shíhou, láile yí wèi piàoliang

小姐。约翰 立刻 很 有 礼貌 地 对 这 位 小姐
xiǎojie. Yuēhàn lìkè hěn yǒu lǐmào de duì zhè wèi xiǎojie

说："亲吻……"，小姐 有 点儿 吃 惊，约翰 马上
shuō: "Qīnwěn……", xiǎojie yǒu diǎnr chī jīng, Yuēhàn mǎshàng

解释 说："也 就 是 我 想 吻 你……"。话 还 没
jiěshì shuō: "Yě jiù shì wǒ xiǎng wěn nǐ……". Huà hái méi

说完， 那 位 小姐 气 得 差 点儿 晕了 过去，
shuōwán, nà wèi xiǎojie qì de chà diǎnr yūnle guo qu,

说："你……你 有 病 吗？讨厌！" 约翰 觉得
shuō: "Nǐ…… nǐ yǒu bìng ma? Tǎoyàn!" Yuēhàn juéde

莫 名 其 妙，心 想：怎么 啦？我 没 病 呀！她 为
mò míng qí miào, xīn xiǎng: Zěnme la? Wǒ méi bìng ya! Tā wèi

什么 生 那么 大 的 气 呢？
shénme shēng nàme dà de qì ne?

原来，约翰 说 汉语 不 注意 声调 把 "请
Yuánlái, Yuēhàn shuō Hànyǔ bú zhùyì shēngdiào, bǎ "qǐng

问"　　说成了　　　"亲吻"，把 "我　想　问　你"
wèn"　　shuōchéngle　"qīnwěn"，bǎ "wǒ　xiǎng　wèn　nǐ"

说成了　　"我　想　吻　你"。对　一　个　陌生　　的
shuōchéngle　"wǒ　xiǎng　wěn　nǐ". Duì　yí　ge　mòshēng　de

姑娘　说　　这样　的　话，怎么　会　不引起　姑娘
gūniang　shuō　zhèyàng　de　huà, zěnme　huì　bù yǐnqǐ　gūniang

的　反感　呢?
de　fǎngǎn　ne?

　　由　此　可见，汉语　　的　　声调　　多么　　重要。
　　Yóu　cǐ　kějiàn, Hànyǔ　de　shēngdiào　duōme　zhòngyào.

声调　　不　同，意思　就　不　同；声调　　错　了，就
Shēngdiào　bù　tóng, yìsi　jiù　bù　tóng; shēngdiào　cuò　le, jiù

可能　引起　别人　的　误会，甚至　会　闹　很　大　的
kěnéng　yǐnqǐ　biéren　de　wùhuì, shènzhì　huì　nào　hěn　dà　de

笑话。
xiàohua.

4. 对话
Dialogue

小王：　　麦克，好久 不见 了。你　好 吗?
Xiǎo Wáng: Màikè, hǎojiǔ　bújiàn　le. Nǐ hǎo ma?

麦克：　　我　很　好，谢谢! 这　位　是……
Màikè:　　Wǒ　hěn　hǎo, xièxie! Zhè　wèi　shì……

小王：　　我　来　介绍　一下，这 是 我　的　女
Xiǎo Wáng: Wǒ　lái　jièshào　yíxià, zhè　shì　wǒ　de　nǚ

　　　　　朋友，叫　陈 丽。
　　　　　péngyou, jiào　Chén Lì.

· 99 ·

麦克： 陈 丽 小姐，你 好！
Màikè: Chén Lì xiǎojie, nǐ hǎo!

陈丽： 你 好！我 常常 听 小 王 说起
Chén Lì: Nǐ hǎo! Wǒ chángcháng tīng Xiǎo Wáng shuōqǐ

你。今天 见到 你 很 高兴！
nǐ. Jīntiān jiàndào nǐ hěn gāoxìng!

麦克： 我 也 很 高兴！ 嗨！ 小 王，你 的 女
Màikè: Wǒ yě hěn gāoxìng! Hei! Xiǎo Wáng, nǐ de nǚ

朋友 真 漂亮！
péngyou zhēn piàoliang!

小王： 哪里！哪里！
Xiǎo Wáng: Nǎli! Nǎli!

麦克： （想："哪里" 的 意思是 "什么 地方"。小
Màikè: (Xiǎng:"Nǎli" de yìsi shì "shénme dìfang". Xiǎo

　　　　王 为 什么 问 这 种 莫名其妙
　　　　Wáng wèi shénme wèn zhè zhǒng mò míng qí miào

　　　的问题呢？）这 个……这 个……从 头 到 脚，
　　　de wèntí ne?) Zhè ge……zhè ge……cóng tóu dào jiǎo,

　　　每 一个 部分，所有 的 地方，都 漂亮！
　　　měi yí ge bùfen, suǒyǒu de dìfang, dōu piàoliang!

小王
Xiǎo Wáng
　　　　　哈,哈,哈……
陈丽　　：Ha, ha, ha……
Chén Lì

麦克：你们 笑 什么？
Màikè: Nǐmen xiào shénme?

小王：　在 中国， 当 别人 夸 一个 人的
Xiǎo Wáng: Zài Zhōngguó, dāng biéren kuā yí ge rén de

　　　时候，这 个 人 为了 表示 客气 和 谦虚，
　　　shíhou, zhè ge rén wèile biǎoshì kèqi hé qiānxū,

　　　常常 说："哪里！哪里！"意思是 说 你 过奖
　　　chángcháng shuō: "Nǎli! Nǎli!" Yìsi shì shuō nǐ guòjiǎng

　　　了,其实,并 不 像 你 说 的 那么 好。
　　　le, qíshí, bìng bú xiàng nǐ shuō de nàme hǎo.

麦克：哦！我 又 上了 一 课！
Màikè: Ò! Wǒ yòu shàngle yí kè!

　　　　◆ 词语 Words and expressions ◆

1. 所有的　　suǒyǒu de　　　　all
2. 谦虚　　　qiānxū　　　　　　modest
3. 其实　　　qíshí　　　　　　　actually; in fact

·101·

第二十八课

1. 这是什么发型?
What hairstyle is it?

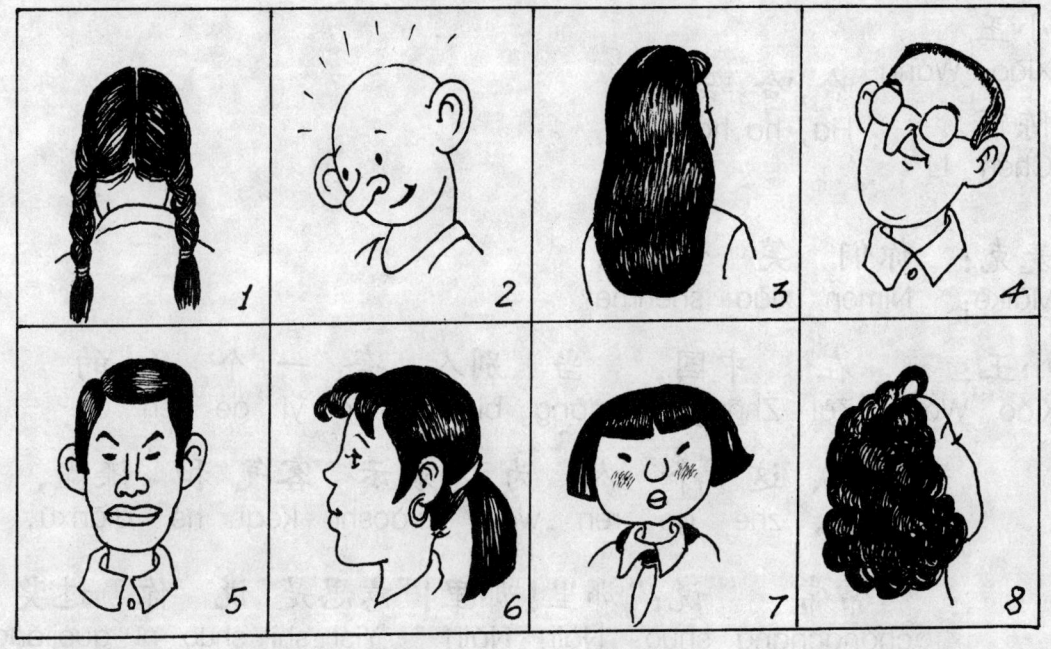

辫子 biànzi	光头 guāngtóu	披肩发 pījiānfà	平头 píngtóu
分头 fēntóu	马尾式 mǎwěishì	短发 duǎnfà	卷发 juǎnfà

❖ 词语 Words and expressions ❖

1. 发型　　fàxíng　　　　hairstyle
2. 时髦　　shímáo　　　 fashion
3. 流行　　liúxíng　　　 popular
4. 偏　　　piān　　　　　inclined to one side; leaning

问题 Questions

1. 在你们国家,姑娘们喜欢梳辫子吗?
2. 在你们国家,光头是一种时髦吗?
3. 你认为男人留披肩发好看吗?
4. 有的人喜欢留平头,你知道为什么吗?
5. 分头有偏分、中分两种,你喜欢哪一种?
6. 现在流行马尾式的发型吗?
7. 个子高的人应该留短发;个子矮的人应该留长发,对吗?
8. 东方人的头发都是直的,西方人的头发都是卷的,对吗?
9. 坐在你旁边儿的同学是什么发型?你自己是什么发型?

2. 他们在做什么?
What are they doing?

吵架	打架	握手	拥抱
chǎo jià	dǎ jià	wò shǒu	yōngbào

干杯	夸奖	接吻	骂
gān bēi	kuājiǎng	jiē wěn	mà

❖ 练习 practise ❖

请说出图1~图8中的人在做什么。
Please tell us what the people are doing in the pictures (1–8).

3. 看图说话
Talk about the pictures

赶时髦

词语 Words and expressions

1. 赶(时髦)　　gǎn(shímáo)　　follow (the fashion)
2. 过时　　　　guò shí　　　　out-of-date
3. 古董　　　　gǔdǒng　　　　antique
4. 超短裙　　　chāoduǎnqún　　miniskirt
5. 盘　　　　　pán　　　　　　coil up
6. 体形　　　　tǐxíng　　　　　bodily form; build
7. 适应　　　　shìyìng　　　　suit; adapt
8. 丰富多彩　　fēngfù duōcǎi　　varied and colourful

问题 Questions

1. 谁爱美？
2. 哪些人爱赶时髦？
3. 年轻的姑娘们常常关心什么？
4. 她们最怕什么？
5. 漫画里的这个姑娘是一个怎样的姑娘？
6. 她看见街上流行什么？（图1）
7. 她回家做什么？（图2）
8. 这时街上又流行起什么来了？（图3）
9. 她赶忙回家做什么？为什么？（图4）
10. 她出门一看，怎么了？（图5）
11. 她只好怎么样？（图6）
12. 她出门时为什么傻了？（图7）
13. 流行就是大家穿一样的服装，做一样的发型吗？
14. 穿衣打扮要跟什么相适应？
15. 应该让我们的生活变得怎么样？

·105·

复述 Retell

人人 都 爱美，尤其是 年轻 的 姑娘。她们
Rénrén dōu ài měi, yóuqí shì niánqīng de gūniang. Tāmen

一般 都 喜欢 赶 时髦。社会 上 流行 什么
yìbān dōu xǐhuan gǎn shímáo. Shèhuì shang liúxíng shénme

服装、 什么 发型， 都 是 姑娘们 常常
fúzhuāng、 shénme fàxíng, dōu shì gūniangmen chángcháng

关心 的 问题。她们 最 怕 自己在 别人 的 眼 里
guānxīn de wèntí. Tāmen zuì pà zìjǐ zài biéren de yǎn li

成为 一件 过 时 的 古董。漫画 里 的 这 个
chéngwéi yí jiàn guò shí de gǔdǒng. Mànhuà li de zhè ge

姑娘 就 是 一 个 例子。她 看见 街 上 很 多
gūniang jiù shì yí ge lìzi. Tā kàn jiàn jiē shang hěn duō

姑娘 穿 黑色 的 长裙， 梳 马尾式 的 发型，
gūniang chuān hēisè de chángqún, shū mǎwěishì de fàxíng,

觉得 自己太 不 时髦， 就 回 家 换上 一
juéde zìjǐ tài bù shímáo, jiù huí jiā huànshang yì

条 黑 长裙， 梳上 马尾式 的 发型。可是， 这
tiáo hēi chángqún, shūshang mǎwěishì de fàxíng. Kěshì, zhè

时 街 上 又 流行 起 超短裙 和 盘 头 的
shí jiē shang yòu liúxíng qǐ chāoduǎnqún hé pán tóu de

发型 来 了。她 觉得 自己 的 打扮 又 过时 了，
fàxíng lai le. Tā juéde zìjǐ de dǎban yòu guò shí le,

赶忙 回 家， 也 穿上 超短裙， 梳上 盘
gǎnmáng huí jiā, yě chuāshang chāoduǎnqún, shūshang pán

头的发型。没想到出门一看，情况又变了。最时髦的是牛仔裤和披肩发。她只好回家再换上牛仔裤，头发也改成披肩发，心想，这回大概错不了了吧？天哪！出门时看见街上穿什么的都有。她傻了，不知道该穿什么了。

看来，流行并不意味着大家都穿一样的服装，做一样的发型。如果这样，并不是一件好事。穿衣打扮要跟自己的体形、年龄、个性、职业、出现的场合等相适应。还是让我们的生活变得更丰富多彩一点儿吧！

·107·

4. 对话
Dialogue

麦克：玛丽，是 你 吗？
Màikè: Mǎlì, shì nǐ ma?

玛丽：怎么？ 不 认识 啦？
Mǎlì: Zěnme? Bú rènshi la?

麦克：差 点儿 认 不 出 来 了。
Màikè: Chà diǎnr rèn bu chū lái le.

玛丽：我 刚 从 美发厅 回来。在 那儿 焗 了 焗 油，
Mǎlì: Wǒ gāng cóng měifàtīng huí lai. Zài nàr jú le jú yóu,

剪了 剪 发，吹了 吹 风，再 把 前面
jiǎnle jiǎn fà, chuīle chuī fēng, zài bǎ qiánmian

这 点儿 头发 烫了 烫。你 看，是 不 是 挺
zhè diǎnr tóufa tàngle tàng. Nǐ kàn, shì bu shì tǐng

新潮 的？
xīncháo de?

麦克：新潮， 新潮， 不过……
Màikè: Xīncháo, xīncháo, búguò……

玛丽：不过 什么？
Mǎlì: Búguò shénme?

麦克：不过 有 点儿 可惜。你 原来 的 披肩发 不 是
Màikè: Búguò yǒu diǎnr kěxī. Nǐ yuánlái de pījiānfà bú shì

挺 美 的 嘛！
tǐng měi de ma!

·108·

玛丽：你们 男人 不 懂。这 叫 时髦。 长长
Mǎlì: Nǐmen nánrén bù dǒng. Zhè jiào shímáo. Chángcháng

的 披肩 已经 过 时 了。现在 流行 短发，就 是
de pījiānfà yǐjīng guò shí le. Xiànzài liúxíng duǎnfà, jiù shì

我 这 种 发型。
wǒ zhè zhǒng fàxíng.

麦克：是 吗？可是 以前 的 你，我 越 看 越 顺溜；
Màikè: Shì ma? Kěshì yǐqián de nǐ, wǒ yuè kàn yuè shùnliu;

现在 的 你，我 越 看 越 别扭！
xiànzài de nǐ, wǒ yuè kàn yuè bièniu!

玛丽：别 说 了！你 不 懂。你 知道 今年 冬天
Mǎlì: Bié shuō le! Nǐ bù dǒng. Nǐ zhīdao jīnnián dōngtiān

流行 什么？
liúxíng shénme?

麦克：这，我 当然 知道。流行 感冒 呗！
Màikè: Zhè, wǒ dāngrán zhīdao. Liúxíng gǎnmào bei!

·109·

词语 Words and expressions

1. 焗油　　　jú yóu　　　　　　treatment of the hair with a cream to make it soft and shiny
2. 烫(发)　　tàng(fà)　　　　　give a permanent wave; perm
3. 新潮　　　xīncháo　　　　　new trend
4. 顺溜　　　shùnliu　　　　　pleasing to the eyes; orderly; tidy
5. 别扭　　　bièniu　　　　　 awkward
6. 流行感冒　liúxíng gǎnmào　 flu

第二十九课

1. 这是什么?
What is it?

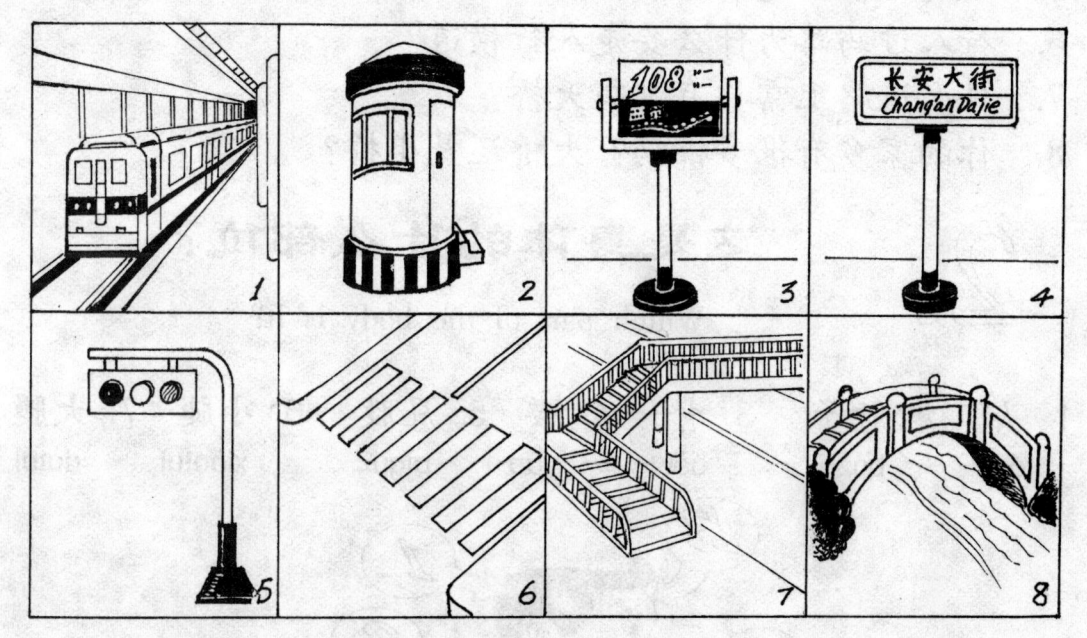

地铁	交通岗亭	站牌	路牌
dìtiě	jiāotōng gǎngtíng	zhànpái	lùpái

红绿灯	人行横道	过街天桥	桥
hónglǜdēng	rénxíng-héngdào	guò jiē tiānqiáo	qiáo

❖ 词语 Words and expressions ❖

1. 警察　　　　jǐngchá　　　　　　　police
2. 高速公路　　gāosù gōnglù　　　　expressway
3. 首班车　　　shǒubānchē　　　　　first bus
4. 末班车　　　mòbānchē　　　　　　last bus

◆ 问题 Questions ◆

1. 一个城市有没有地铁意味着什么？
2. 交通岗亭一般在什么地方？什么人在那里工作？
3. 站牌告诉我们什么？
4. 路牌告诉我们什么？
5. 过马路前要先看什么？
6. 行人过马路为什么要走人行横道？
7. 什么道路上需要有过街天桥？
8. 你的家乡有很多桥吗？大桥还是小桥？

2. 这是身体的什么部位？
Which part of the body is it?

1. 头 tóu
2. 脖子 bózi
3. 背 bèi
4. 腰 yāo
5. 屁股 pìgu
6. 小腿 xiǎotuǐ
7. 大腿 dàtuǐ

8. 脚 jiǎo
9. 肚子 dùzi
10. 胸 xiōng
11. 胳膊 gēbo
12. 下巴 xiàba
13. 额头 étóu

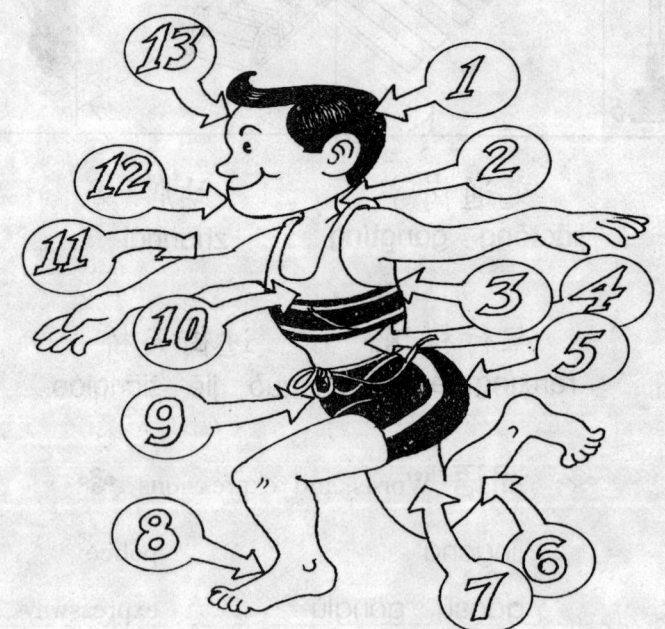

练习 Practise

让我们来做一个游戏。游戏的方法是：把一个手指放在你的鼻子上。当听到一个我们刚学过的词，就像接到命令一样，立刻把这个手指指向与该词有关的你身体的那个部位，并大声说出这个词，然后再把手指放回你的鼻子，等待下一个命令。

Let's play a game. The rule is as follows: put a finger on your nose; after hearing a word we've just learnt, point immediately to the part of your body relevant to the word with the finger; say the word loudly; and then put back the finger on your nose again and wait for the next order.

3. 看图说话
Talk about the pictures

车　祸

·113·

..

....

.....

词语 Words and expressions

1. 帅　　　　shuài　　　　　　smart; handsome
2. 闯　　　　chuǎng　　　　　rush in; break in
3. 停车线　　tíngchēxiàn　　　stop line
4. 车祸　　　chēhuò　　　　　traffic accident
5. 歪　　　　wāi　　　　　　　crooked; askew
6. 纱布　　　shābù　　　　　　gauze
7. 石膏　　　shígāo　　　　　plaster
8. 骨折　　　gǔzhé　　　　　　fracture
9. 截肢　　　jié zhī　　　　　amputation

问题 Questions

1. 这个小伙子帅不帅？怎么帅？
2. 他在商店里买了什么？
3. 他骑自行车骑得快不快？为什么？
4. 在十字路口发生了什么事？
5. 车祸是怎么发生的？
6. 小伙子怎么了？
7. 从医院出来时，他的右眼怎么样？
8. 额头上有什么？
9. 鼻子正常吗？
10. 脸上贴着什么？
11. 左胳膊怎么样？
12. 右腿怎么样？
13. 嘴里还剩下几颗牙？
14. 他还帅吗？
15. 漫画告诉了我们什么？

复述 Retell

你看，这个小伙子多帅！油亮亮的
Nǐ kàn, zhè ge xiǎohuǒzi duō shuài! Yóuliàngliàng de

头发，雪白的衬衫，漂亮的领带，推着一辆
tóufa, xuěbái de chènshān, piàoliang de lǐngdài, tuīzhe yí liàng

新自行车，从商店里出来。
xīn zìxíngchē, cóng shāngdiàn li chū lai.

小伙子骑着新自行车，心里特别高兴。他
Xiǎohuǒzi qízhe xīn zìxíngchē, xīnli tèbié gāoxìng. Tā

觉得要是骑慢了，就对不起这辆漂亮的
juéde yàoshì qímàn le, jiù duì bu qǐ zhè liàng piàoliang de

新车。他越骑越快，连小鸟也比不过他。
xīn chē. Tā yuè qí yuè kuài, lián xiǎo niǎo yě bǐ bu guò tā.

骑到十字路口，红灯亮了。小伙子好像
Qí dào shízì lùkǒu, hóngdēng liàng le. Xiǎohuǒzi hǎoxiàng

没看见，飞一样闯过了停车线。
méi kàn jiàn, fēi yíyàng chuǎngguòle tíngchēxiàn.

一场车祸终于发生了。一辆汽车把
Yì chǎng chēhuò zhōngyú fāshēng le. Yí liàng qìchē bǎ

小伙子撞倒了，鞋也飞上了天，汽车司机
xiǎohuǒzi zhuàngdǎo le, xié yě fēi shàngle tiān, qìchē sījī

吓得睁大了眼睛。小伙子被送进了医院。
xià de zhēngdàle yǎnjing. Xiǎohuǒzi bèi sòngjìnle yīyuàn.

从医院里出来的时候，小伙子的右眼
Cóng yīyuàn li chū lai de shíhou, xiǎohuǒzi de yòuyǎn

像熊猫；额头上起了个大包；鼻子被撞
xiàng xióngmāo; étóu shang qǐle ge dà bāo; bízi bèi zhuàng

歪；脸 上 贴着 纱布；左 胳膊 上 打着 石膏；
wāi; liǎn shang tiēzhe shābù; zuǒ gēbo shang dǎzhe shígāo;

右腿 骨折，被 截了肢；嘴里的 牙只 剩下 一
yòutuǐ gǔzhé, bèi jiéle zhī; zuǐ li de yá zhǐ shèngxia yì

颗 了。他 再也 帅 不 起来 了！
kē le. Tā zàiyě shuài bu qǐ lái le!

4. 对话
Dialogue

玛丽：麦克， 听说 你买了 一 辆 自行车，是 吗？
Mǎlì: Màikè, tīng shuō nǐ mǎile yí liàng zìxíngchē, shì ma?

麦克：是，不过 不是 新 的，是 二手货，骑 起 来
Màikè: Shì, búguò bú shì xīn de, shì èrshǒuhuò, qí qi lai

除了 车铃 以外，哪儿都 响。
chúle chēlíng yǐwài, nǎr dōu xiǎng.

玛丽：车 呢？
Mǎlì: Chē ne?

麦克：今天 早上 扔 了。
Màikè: Jīntiān zǎoshang rēng le.

玛丽：为 什么？
Mǎlì: Wèi shénme?

麦克：车闸 不 灵，太 危险 了。昨天 骑 车 上
Màikè: Chēzhá bù líng, tài wēixiǎn le. Zuótiān qí chē shàng

街，看见 一 个 老头儿在 前面 走，我 按 车铃，
jiē, kàn jiàn yí ge lǎotóur zài qiánmian zǒu, wǒ àn chēlíng,

·117·

车铃 不 响，赶忙 捏闸，车 还 往 前
chēlíng bù xiǎng, gǎnmáng niē zhá, chē hái wǎng qián

闯，差 点儿 没 把 老头儿 撞倒。
chuǎng, chà diǎnr méi bǎ lǎotóur zhuàngdǎo.

玛丽:老头儿 倒了 吗？
Mǎlì: Lǎotóur dǎole ma?

麦克:老头儿 没 倒，我 自己 摔倒 了。头 上
Màikè: Lǎotóur méi dǎo, wǒ zìjǐ shuāidǎo le. Tóu shang

摔出了 一个 大 包。
shuāichūle yí ge dà bāo.

玛丽:那，你 是 怎么 回来 的 呢？
Mǎlì: Nà, nǐ shì zěnme huí lai de ne?

麦克:我 再 也 不 敢 骑它 了，是 扛着 自行车
Màikè: Wǒ zài yě bù gǎn qí tā le, shì kángzhe zìxíngchē

回来的。
huí lai de.

玛丽:哈，哈！这 叫 做 人 不 骑 车，车 骑 人！
Mǎlì: Hā, hā! Zhè jiào zuò rén bù qí chē, chē qí rén!

·118·

词语 Words and expressions

1. 二手货　èrshǒuhuò　secondhand goods
2. 车铃　　chēlíng　　bell of a bicycle
3. 车闸　　chēzhá　　brake (of a car, bicycle, etc.)
4. 敢　　　gǎn　　　dare
5. 灵　　　líng　　　sensitive; handy; work

第三十课

1. 这是什么动作?
What act is it?

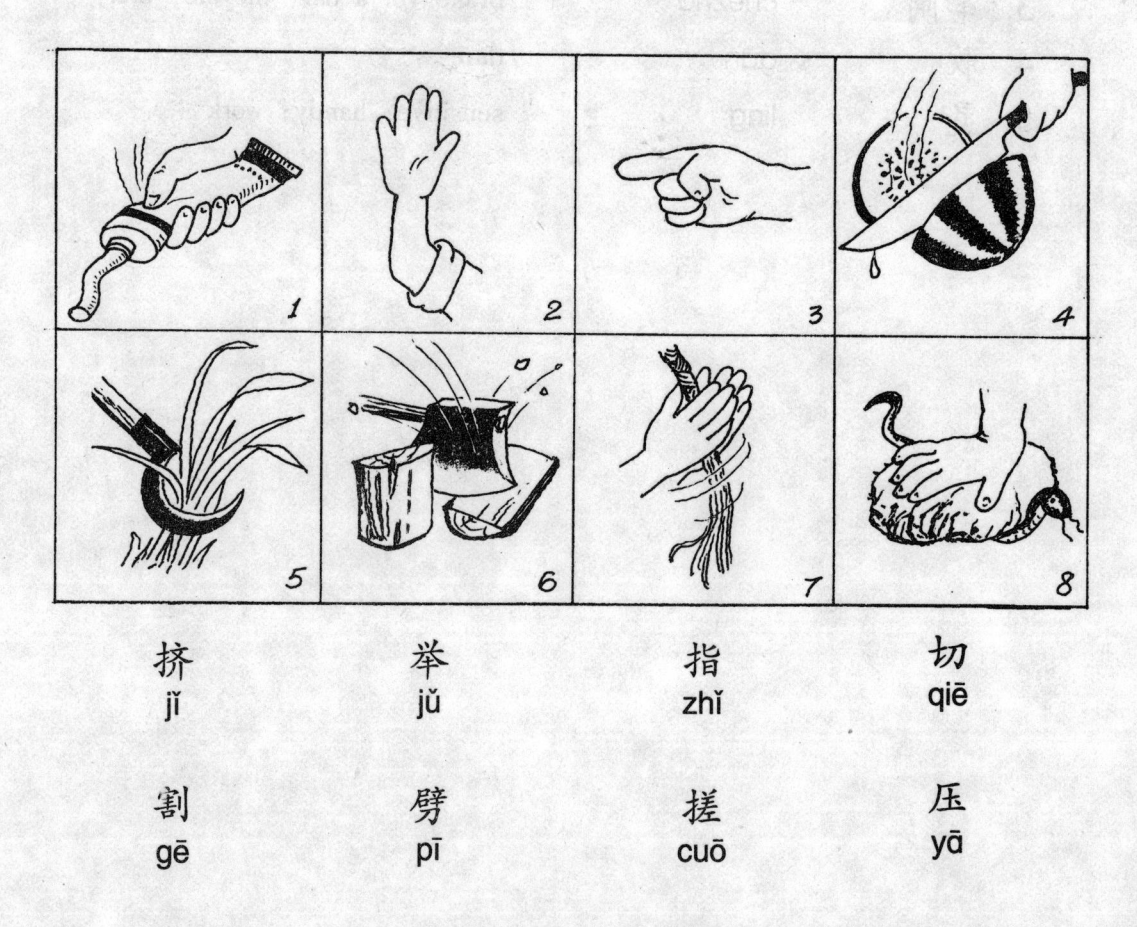

挤 jǐ	举 jǔ	指 zhǐ	切 qiē
割 gē	劈 pī	搓 cuō	压 yā

❖ 练习 Practise ❖

请做一个动作,把上面刚学过的某个动词的意思表示出来,同时说出一句包含有该动词的话。

Please put on an action showing the meaning of the verb we've just learnt, and then make a sentence with the verb.

2. 这是什么?

What is it?

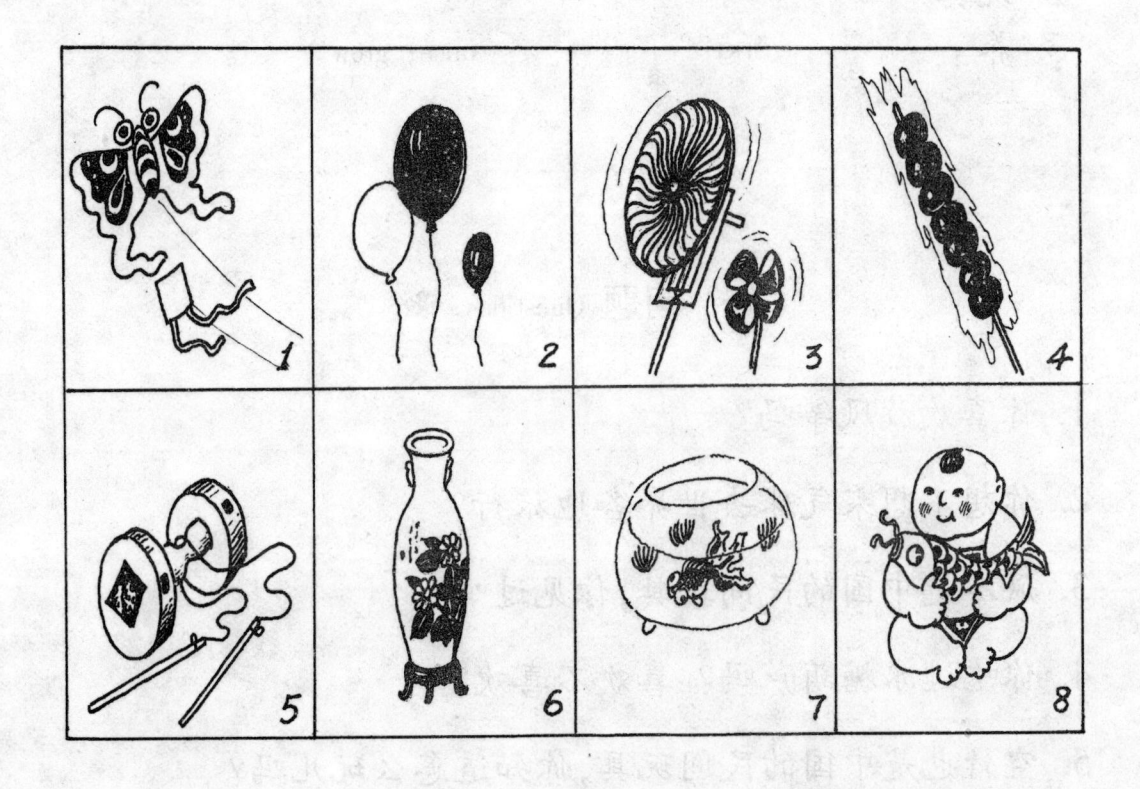

风筝	气球	风车	冰糖葫芦
fēngzheng	qìqiú	fēngchē	bīngtáng húlu

空竹	花瓶	金鱼	娃娃
kōngzhú	huāpíng	jīnyú	wáwa

词语 Words and expressions

1. 民间　　　mínjiān　　　folk
2. 玩具　　　wánjù　　　　toy
3. 养　　　　yǎng　　　　raise；grow

问题 Questions

1. 你喜欢放风筝吗？

2. 你想不想乘气球去世界各地旅行？

3. 风车是中国的民间玩具，你见过吗？

4. 你吃过冰糖葫芦吗？喜欢不喜欢？

5. 空竹也是中国的民间玩具，你知道怎么玩儿吗？

6. 你的屋子里有花瓶吗？

7. 中国人的家里喜欢养金鱼，你们国家的人喜欢养什么？

8. 娃娃抱着鱼，有吉祥的意思，你见过这样的民间玩具吗？

3. 看图说话
Talk about the pictures

半价商店

❖ 词语 Words and expressions ❖

1. 锅	guō	pot; pan; cauldron
2. 买的没有卖的精	mǎi de méiyǒu mài de jīng	the buyer would never be cleverer than the seller
3. 导购小姐	dǎogòu xiǎojie	shopping guidegirl
4. 光临	guānglín	your presence (term of respect)

·123·

5. 对折　　　duìzhé　　　　　50% discount
6. 原价　　　yuánjià　　　　　original price; normal price
7. 心理　　　xīnlǐ　　　　　　psychology
8. 心里痒痒　xīnli yǎngyang　itch in the heart (long for doing sth.)

❖ 问题 Questions ❖

1. 这家商店奇怪吗？为什么？

2. 顾客们都买了些什么？

3. 生日蛋糕上应该有哪四个字？

4. 现在蛋糕上只有"生日"两个字，"快乐"呢？

5. "买的没有卖的精"这句话是什么意思？

6. 导购小姐站在门口儿对顾客说什么？

7. 这家商店为什么这么热闹？

8. 半价商店是什么意思？

9. 商店这样做会不会亏本？为什么？

10. 顾客一般有什么心理？

11. 老板是怎么做的？

12. 商店如果真按半价卖东西，又不打算亏本，这可能吗？

复述 Retell

奇怪！顾客们从商店里出来，买的
Qíguài! Gùkèmen cóng shāngdiàn li chū lai, mǎi de

东西怎么都是半个半个的？您看，老
dōngxi zěnme dōu shì bàn ge bàn ge de? Nín kàn, lǎo

太太提着半个锅、半条鱼；小姐抱着半只
tàitai tízhe bàn ge guō、bàn tiáo yú; xiǎojie bàozhe bàn zhī

花瓶、穿着半条裙子、打着半把伞；小
huāpíng、chuānzhe bàn tiáo qúnzi、dǎzhe bàn bǎ sǎn; xiǎo

姑娘抱着半个娃娃、拉着半只小木鸭；那
gūniang bàozhe bàn ge wáwa、lāzhe bàn zhī xiǎo mùyā; nà

位先生抱着半台录音机、戴着半副眼镜儿；
wèi xiānsheng bàozhe bàn tái lùyīnjī、dàizhe bàn fù yǎnjìngr;

老大爷抱着半个钟；小伙子戴着半顶
lǎodàye bàozhe bàn ge zhōng; xiǎohuǒzi dàizhe bàn dǐng

帽子、右手托着半个西瓜、左手托着半个
màozi、yòushǒu tuōzhe bàn ge xīguā、zuǒshǒu tuōzhe bàn ge

生日蛋糕。蛋糕上应该有"生日快乐"四
shēngrì dàngāo. Dàngāo shang yīnggāi yǒu "shēngrì kuàilè" sì

个字，现在只剩下"生日"两个字。"快乐"
ge zì, xiànzài zhǐ shèngxia "shēngrì" liǎng ge zì. "Kuàilè"

呢？可能在商店老板那儿。他一定很快乐。
ne? Kěnéng zài shāngdiàn lǎobǎn nàr. Tā yídìng hěn kuàilè.

人们常说："买的没有卖的精"，意思
Rénmen cháng shuō: "Mǎi de méiyǒu mài de jīng", yìsi

是买东西的人跟卖东西的人比，
shì mǎi dōngxi de rén gēn mài dōngxi de rén bǐ,

·125·

往往 很 傻，没有 他们 聪明。如果 不 信，
wǎngwǎng hěn shǎ, méiyǒu tāmen cōngming. Rúguǒ bú xìn,

请 看 这 幅 漫画。
qǐng kàn zhè fú mànhuà.

　　漫画 里，这 家 商店 真 热闹。导购 小姐
　　Mànhuà li, zhè jiā shāngdiàn zhēn rènao. Dǎogòu xiǎojie

站 在 商店 门口儿 对 进 门 的 顾客 说：
zhàn zài shāngdiàn ménkǒur duì jìn mén de gùkè shuō:

"欢迎 光临！"对 出 门 的 顾客 说："欢迎 再
"Huānyíng guānglín!" Duì chū mén de gùkè shuō:"Huānyíng zài

来！"为 什么 这 家 商店 的 顾客 那么 多？
lái!" Wèi shénme zhè jiā shāngdiàn de gùkè nàme duō?

原来 这 是 一 家 半价 商店。店 里 的 东西
Yuánlái zhè shì yì jiā bànjià shāngdiàn. Diàn li de dōngxi

全 都 打 对折。这 就 是 说 原价 100 元
quán dōu dǎ duìzhé. Zhè jiù shì shuō yuánjià yìbǎi yuán

的 东西，只要 50 元 就可以 买走 了。商店
de dōngxi, zhǐyào wǔshí yuán jiù kěyǐ mǎizǒu le. Shāngdiàn

　这样 做，不 是 要 亏 本 了 吗？您 不 用 担
　zhèyàng zuò, bú shì yào kuī běn le ma? Nín bú yòng dān

心。这 家 商店 的 老板 一 点儿 也 不 傻。他
xīn. Zhè jiā shāngdiàn de lǎobǎn yì diǎnr yě bù shǎ. Tā

很 懂得 顾客 的 心理。顾客 总 是 想 少 花
hěn dǒngde gùkè de xīnlǐ. Gùkè zǒng shì xiǎng shǎo huā

钱，多 买 东西，一 看 见 打折 就 心里 痒痒，
qián, duō mǎi dōngxi, yí kàn jiàn dǎ zhé jiù xīnli yǎngyang,

钱包儿里的 钱 就 待 不 住, 想 往 商店
qiánbāor li de qián jiù dāi bu zhù, xiǎng wǎng shāngdiàn

跑。老板 先 把 原价 提高一倍,打折 以后 还是
pǎo. Lǎobǎn xiān bǎ yuánjià tígāo yí bèi, dǎzhé yǐhòu hái shì

原价, 却 吸引了许多 人 来 买。东西 卖 得比不
yuánjià, què xīyǐnle xǔduō rén lái mǎi. Dōngxi mài de bǐ bù

打折 要 快 得 多。
dǎ zhé yào kuài de duō.

　　如果 真 的 按 半价 卖,而 商店 又 不
Rúguǒ zhēn de àn bànjià mài, ér shāngdiàn yòu bù

亏 本, 这 可能 吗? 如果 可能, 那就 只 能
kuī běn, zhè kěnéng ma? Rúguǒ kěnéng, nà jiù zhǐ néng

出现 漫画 里的这 种 奇怪 的 情景 了。
chūxiàn mànhuà li de zhè zhǒng qíguài de qíngjǐng le.

4. 对话
Dialogue

玛丽：麦克， 你 看， 我　　穿上　　这　套　京剧
Mǎlì: Màikè, nǐ kàn, wǒ chuānshang zhè tào jīngjù

　　　服装　　怎么样？
　　　fúzhuāng zěnmeyàng?

麦克：漂亮　极了！
Màikè: Piàoliang jí le!

·127·

玛丽： 像 不 像 中国 唐 朝 有名 的美人儿
Mǎlì： Xiàng bu xiàng Zhōngguó Táng Cháo yǒumíng de měirénr

　　　杨 贵妃？
　　　Yáng guìfēi?

麦克： 像 洋贵妃，是 海洋 的 "洋"。
Màikè： Xiàng yáng guìfēi, shì hǎiyáng de "yáng".

玛丽： 为 什么？
Mǎlì： Wèi shénme?

麦克： 因为 你 是 西方人。
Màikè： Yīnwèi nǐ shì xīfāngrén.

玛丽： 西方人 跟 "洋" 有 关系 吗？
Mǎlì： Xīfāngrén gēn "yáng" yǒu guānxi ma?

麦克： 当然 有 关系。中国人 过去 认为
Màikè： Dāngrán yǒu guānxi. Zhōngguórén guòqù rènwéi

　　　西方人 是 从 海洋 那边 过 来 的，所以
　　　xīfāngrén shì cóng hǎiyáng nàbian guò lai de, suǒyǐ

·128·

把 西方人 叫 "洋人"。你 当然 是 洋
bǎ xīfāngrén jiào "yángrén". Nǐ dāngrán shì yáng

贵妃。
guìfēi.

玛丽：别 开 玩笑！麦克，你 觉得 京剧 怎么样？
Mǎlì: Bié kāi wánxiào! Màikè, nǐ juéde jīngjù zěnmeyàng?

麦克：非常 精彩！了不起 的 艺术！
Màikè: Fēicháng jīngcǎi! Liǎobuqǐ de yìshù!

玛丽：我 也 这么 想，可惜 听 不 懂。你 呢？
Mǎlì: Wǒ yě zhème xiǎng, kěxī tīng bu dǒng. Nǐ ne?

麦克：我 吗？ 跟 你 一样，一 只 青蛙 掉 井 里。
Màikè: Wǒ ma? Gēn nǐ yíyàng, yì zhī qīngwā diào jǐng li.

玛丽：什么 意思？
Mǎlì: Shénme yìsi?

麦克：青蛙 掉 井 里 有 什么 声音？
Màikè: Qīngwā diào jǐng li yǒu shénme shēngyin?

玛丽：扑通！
Mǎlì: Pūtōng!

麦克：不 懂！
Màikè: Bù dǒng!

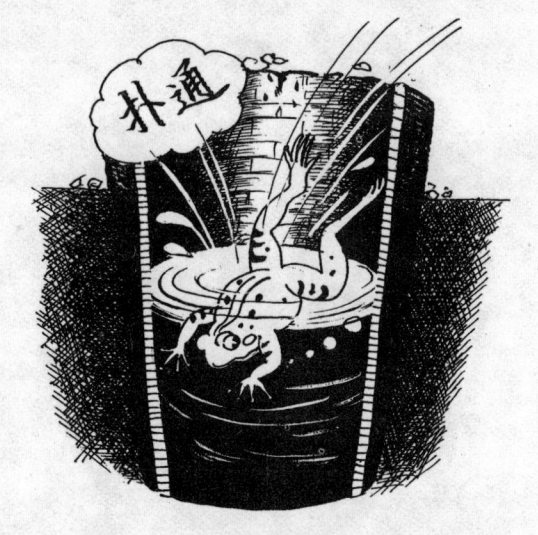

词语 Words and expressions

1. 唐朝　　Táng Cháo　　the Tang Dynasty (618–907)
2. 美人儿　měirénr　　　beauty; beautiful woman
3. 杨贵妃　Yáng guìfēi　　highest-ranking imperial concubine by the surname of Yang; Lady Yang
4. 海洋　　hǎiyáng　　　seas and oceans; ocean
5. 青蛙　　qīngwā　　　 frog
6. 井　　　jǐng　　　　　well
7. 扑通　　pūtōng　　　 splash; flop

词 语 表

词语	词性	拼音	课序

A

| 挨骂 | | ái mà | 21 |
| 按 | （动、介） | àn | 19、23 |

B

白开水	（名）	báikāishuǐ	20
白薯	（名）	báishǔ	16
摆	（动）	bǎi	21、23
搬	（动）	bān	23
剥	（动）	bāo	27
保存	（动）	bǎocún	19
保护	（动）	bǎohù	21
保罗	（名）	Bǎoluó	23
背	（动）	bēi	23
背	（名）	bèi	18
贝雷帽	（名）	bèiléimào	21
被子	（名）	bèizi	22
笔架	（名）	bǐjià	17
笔筒	（名）	bǐtǒng	17
笔洗	（名）	bǐxǐ	17
扁担	（名）	biǎndan	23
便帽	（名）	biànmào	21
辫子	（名）	biànzi	28
标准	（形、名）	biāozhǔn	19
别扭	（形、名）	bièniu	28
冰茶	（名）	bīngchá	27

冰棍儿	（名）	bīnggùnr	27
冰淇淋	（名）	bīngqílín	27
冰糖葫芦		bīngtáng húlu	30
冰鞋	（名）	bīngxié	21
饼干	（名）	bǐnggān	27
脖子	（名）	bózi	29
簸箕	（名）	bòji	24
不信那一套		bú xìn nà yí tào	20
不在乎		bú zàihu	24
不管用		bù guǎn yòng	20
不好意思		bù hǎoyìsi	18
不可思议		bù kě sīyì	16
布鞋	（名）	bùxié	21

C

菜花	（名）	càihuā	16
草	（名）	cǎo	19
草帽	（名）	cǎomào	21
草坪	（名）	cǎopíng	19
茶	（名）	chá	20
茶几	（名）	chájī	25
搽粉		chá fěn	26
常常	（副）	chángcháng	16
场合	（名）	chǎnghé	23
超短裙	（名）	chāoduǎnqún	28
超市	（名）	chāo-shì	20
炒	（动）	chǎo	16
吵架		chǎo jià	28
车祸	（名）	chēhuò	29
车铃	（名）	chēlíng	29
车闸	（名）	chēzhá	29

·132·

尘土	（名）	chéntǔ	24
吃	（动）	chī	20
吃惊		chī jīng	20
臭	（形）	chòu	16
穿衣服		chuān yīfu	18
床	（名）	chuáng	22
床单	（名）	chuángdān	22
床垫	（名）	chuángdiàn	22
床头灯	（名）	chuángtóudēng	22
床头柜	（名）	chuángtóuguì	22
闯	（动）	chuǎng	29
吹风		chuī fēng	26
吹风机	（名）	chuīfēngjī	18
粗心	（形）	cūxīn	17
搓	（动）	cuō	18

D

打火机	（名）	dǎhuǒjī	25
打架		dǎ jià	28
大便	（动、名）	dàbiàn	18
大大咧咧	（形）	dàda-liēliē	17
大花脸	（名）	dàhuāliǎn	26
大口		dà kǒu	20
大哭		dà kū	22
大力士	（名）	dàlìshì	19
大腿	（名）	dàtuǐ	29
大笑		dà xiào	22
大熊猫	（名）	dàxióngmāo	26
戴	（动）	dài	27
掸子	（名）	dǎnzi	24
蛋卷儿冰淇淋		dànjuǎnr bīngqílín	27

·133·

导购小姐		dǎogòu xiǎojie	30
倒立	（名、动）	dàolì	19
等于	（动）	děngyú	23
瞪	（动）	dèng	21
底片	（名）	dǐpiàn	19
地摊	（名）	dìtān	21
地铁	（名）	dìtiě	29
电池	（名）	diànchí	19
电话	（名）	diànhuà	25
电话卡	（名）	diànhuàkǎ	25
叼	（动）	diāo	20
顶	（名）	dǐng	25
豆腐	（名）	dòufu	16
豆角	（名）	dòujiǎo	16
豆芽儿	（名）	dòuyár	16
肚子	（名）	dùzi	29
短发	（名）	duǎnfà	28
对象	（名）	duìxiàng	23
对折	（名）	duìzhé	30
夺	（动）	duó	25

E

额头	（名）	étóu	29
耳环	（名）	ěrhuán	26
耳坠	（名）	ěrzhuì	26
二手货	（名）	èrshǒuhuò	29

F

发愁		fā chóu	22
发火		fā huǒ	22
发明	（动、名）	fāmíng	25

·134·

发脾气		fā píqi	22
发卡	（名）	fàqiǎ	26
发型	（名）	fàxíng	28
反感	（名、形）	fǎngǎn	27
方式	（名）	fāngshì	23
放大		fàngdà	19
放大镜	（名）	fàngdàjìng	24
肥皂	（名）	féizào	18
废物箱	（名）	fèiwùxiāng	17
分头	（名）	fēntóu	28
愤怒	（形）	fènnù	22
风车	（名）	fēngchē	30
风筝	（名）	fēngzheng	30
丰富多彩		fēngfù duōcǎi	28
否则	（连）	fǒuzé	22
妇女	（名）	fùnǚ	21

G

盖	（动）	gài	22
干杯		gān bēi	28
敢	（助动）	gǎn	29
赶(时髦)	（动）	gǎn(shímáo)	28
高跟儿鞋	（名）	gāogēnrxié	21
高速公路		gāosù gōnglù	29
高兴	（形）	gāoxìng	22
割	（动）	gē	30
胳膊	（名）	gēbo	29
咕嘟	（象）	gūdū	20
古董	（名）	gǔdǒng	28
骨折	（动）	gǔzhé	29
顾客	（名）	gùkè	16

刮脸		guā liǎn	18
瓜皮帽	（名）	guāpímào	21
挂	（动）	guà	23
盥洗室	（名）	guànxǐshì	18
光	（动、形）	guāng	19
光临	（动）	guānglín	30
光圈	（名）	guāngquān	19
光头	（名）	guāngtóu	28
广告	（名）	guǎnggào	20
锅	（名）	guō	30
果汁	（名）	guǒzhī	20
过时		guò shí	28
过街天桥		guò jiē tiānqiáo	29

H

海洋	（名）	hǎiyáng	30
害	（动）	hài	25
含	（动）	hán	22
旱冰鞋	（名）	hànbīngxié	21
喝	（动）	hē	20
喝不惯		hē bu guàn	20
何必	（副）	hébì	22
和尚	（名）	héshang	23
合影	（名）	héyǐng	19
恨	（动）	hèn	22
亨利	（名）	Hēnglì	22
红绿灯	（名）	hónglǜdēng	29
厚	（形）	hòu	22
呼机	（名）	hūjī	25
蝴蝶	（名）	húdié	19
湖南	（名）	Húnán	16

花儿	（名）	huār	19
花瓶	（名）	huāpíng	30
花生	（名）	huāshēng	27
化妆盒	（名）	huàzhuānghé	26
黄瓜	（名）	huánggua	16
火柴	（名）	huǒchái	25

J

鸡窝	（名）	jīwō	18
急	（形）	jí	21
嫉妒	（动）	jídù	22
及格		jí gé	26
挤	（动）	jǐ	18
假山石	（名）	jiǎshānshí	19
捡	（动）	jiǎn	18
剪发		jiǎn fà	26
健力宝	（名）	jiànlìbǎo	20
姜	（名）	jiāng	16
酱	（名）	jiàng	16
焦距	（名）	jiāojù	19
胶卷儿	（名）	jiāojuǎnr	19
胶水	（名）	jiāoshuǐ	17
交通岗亭		jiāotōng gǎngtíng	29
脚	（名）	jiǎo	29
接吻		jiē wěn	28
睫毛膏	（名）	jiémáogāo	26
截肢		jié zhī	29
解渴		jiě kě	20
戒指	（名）	jièzhi	26
金鱼	（名）	jīnyú	30
近视	（形）	jìnshì	24

井	（名）	jǐng	30
警察	（名）	jǐngchá	29
景色	（名）	jǐngsè	19
警惕	（动、形）	jǐngtì	24
镜头	（名）	jìngtóu	19
镜子	（名）	jìngzi	18
焗油		jú yóu	28
举	（动）	jǔ	30
巨大	（形）	jùdà	17
卷发		juǎn fà	26
卷发	（名）	juǎnfà	28

K

咖啡	（名）	kāfēi	20
开心	（形）	kāixīn	22
扛	（动）	káng	23
烤	（动）	kǎo	16
可口可乐	（名）	kěkǒukělè	20
空竹	（名）	kōngzhú	30
口红	（名）	kǒuhóng	26
哭	（动）	kū	22
夸	（动）	kuā	22
夸奖	（动）	kuājiǎng	28
挎	（动）	kuà	23
会计	（名）	kuàiji	17
快门	（名）	kuàimén	19
矿泉水	（名）	kuàngquánshuǐ	20
亏本		kuī běn	16
困	（形）	kùn	18

L

垃圾	（名）	lājī	24
拉面	（名）	lāmiàn	16
辣椒	（名）	làjiāo	16
来得及		lái de jí	18
来不及		lái bu jí	18
老年	（名）	lǎonián	21
礼貌	（名）	lǐmào	21
礼帽	（名）	lǐmào	21
脸盆	（名）	liǎnpén	18
恋人	（名）	liànrén	19
凉拌	（动）	liángbàn	16
凉鞋	（名）	liángxié	24
良药	（名）	liángyào	26
灵	（形）	líng	29
留念		liú niàn	19
流行	（动）	liúxíng	28
流行感冒		liúxíng gǎnmào	28
搂	（动）	lǒu	23
路费	（名）	lùfèi	24
路牌	（名）	lùpái	29
旅游鞋	（名）	lǚyóuxié	21

M

马大哈	（名）	mǎdàhā	17
马马虎虎	（形）	mǎma-hūhū	17
马尾式	（名）	mǎwěishì	28
骂	（动）	mà	28
买的没有卖的精		mǎi de méiyǒu mài de jīng	30

卖力	（形）	màilì	21
毛笔	（名）	máobǐ	17
毛巾	（名）	máojīn	18
毛线帽	（名）	máoxiànmào	21
茅台	（名）	máotái	20
冒烟		mào yān	25
美发厅	（名）	měifàtīng	26
美人儿	（名）	měirénr	30
迷糊	（形）	míhu	18
迷路		mí lù	27
面包	（名）	miànbāo	27
描眉		miáo méi	26
民间	（名）	mínjiān	30
磨	（动）	mó	17
蘑菇	（名）	mógu	16
抹	（动）	mò	23
墨	（名）	mò	17
末班车	（名）	mòbānchē	29
墨镜	（名）	mòjìng	24
莫名其妙	（成）	mò míng qí miào	27
母牛	（名）	mǔniú	22
木棍儿	（名）	mùgùnr	27

N

奶酪	（名）	nǎilào	16
奶嘴儿	（名）	nǎizuǐr	22
耐心	（名、形）	nàixīn	24
难过	（形）	nánguò	22
挠	（动）	náo	23
闹笑话		nào xiàohua	27
闹钟	（名）	nàozhōng	18

尿	（名、动）	niào	22
牛奶	（名）	niúnǎi	20
牛仔裤	（名）	niúzǎikù	25

P

盘	（动）	pán	28
判断	（动）	pànduàn	20
劈	（动）	pī	30
披肩发	（名）	pījiānfà	28
皮肤	（名）	pífū	22
皮帽	（名）	pímào	21
皮鞋	（名）	píxié	21
屁股	（名）	pìgu	29
偏	（形）	piān	28
飘	（动）	piāo	19
平头	（名）	píngtóu	28
扑通	（象）	pūtōng	30
普遍	（形）	pǔbiàn	24
瀑布	（名）	pùbù	19

Q

其实	（副）	qíshí	27
气	（动）	qì	27
气球	（名）	qìqiú	30
谦虚	（形）	qiānxū	27
敲	（动）	qiāo	23
桥	（名）	qiáo	29
巧克力	（名）	qiǎokèlì	27
切	（动）	qiē	30
茄子	（名）	qiézi	16
亲热	（形）	qīnrè	20
亲吻	（动）	qīnwěn	27

·141·

芹菜	（名）	qíncài	16
清朝		Qīng Cháo	21
青椒	（名）	qīngjiāo	16
轻松愉快		qīngsōng yúkuài	24
蜻蜓	（名）	qīngtíng	19
青蛙	（名）	qīngwā	30
区别	（名）	qūbié	19
取景框	（名）	qǔjǐngkuàng	19
劝	（动）	quàn	25

R

人行横道	（名）	rénxíng-héngdào	29
揉	（动）	róu	26
如实	（形）	rúshí	23
褥子	（名）	rùzi	22

S

伞	（名）	sǎn	24
扫	（动）	sǎo	23
森林	（名）	sēnlín	19
纱布	（名）	shābù	29
傻瓜相机		shǎguā xiàngjī	19
闪光灯	（名）	shǎnguāngdēng	19
扇子	（名）	shànzi	20
伤心		shāng xīn	22
上厕所		shàng cèsuǒ	18
上钩		shàng gōu	24
烧	（动）	shāo	16
甚至	（连）	shènzhì	27
生日卡	（名）	shēngrìkǎ	17
生气		shēng qì	22

时髦	（名、形）	shímáo	28
石膏	（名）	shígāo	29
石头	（名）	shítou	19
适应	（动）	shìyìng	28
首班车	（名）	shǒubānchē	29
手表	（名）	shǒubiǎo	25
手机	（名）	shǒujī	25
手套	（名）	shǒutào	24
手指	（名）	shǒuzhǐ	26
手镯	（名）	shǒuzhuó	26
首饰	（名）	shǒushi	26
舒服	（形）	shūfu	18
梳头		shū tóu	18
梳子	（名）	shūzi	18
漱口杯	（名）	shùkǒubēi	18
树	（名）	shù	19
树林	（名）	shùlín	19
数字	（名）	shùzì	17
刷牙		shuā yá	18
刷子	（名）	shuāzi	24
帅	（形）	shuài	29
水	（名）	shuǐ	18
水龙头	（名）	shuǐlóngtóu	18
水桶	（名）	shuǐtǒng	23
顺溜	（形）	shùnliu	28
撕	（动）	sī	27
四川	（名）	Sìchuān	16
随便	（形）	suíbiàn	23
笋	（名）	sǔn	16
损失	（名、动）	sǔnshī	17
所有的		suǒyǒu de	27

T

抬	（动）	tái	23
抬头		tái tóu	26
摊主	（名）	tānzhǔ	16
摊子	（名）	tānzi	16
弹簧	（名）	tánhuáng	22
唐朝		Táng Cháo	30
糖(果)	（名）	táng(guǒ)	27
烫(发)	（动）	tàng(fà)	28
掏	（动）	tāo	16
讨厌	（形、动）	tǎoyàn	27
特意	（副）	tèyì	26
体形	（名）	tǐxíng	28
舔	（动）	tiǎn	20
挑	（动）	tiāo	23
调	（动）	tiáo	19
笤帚	（名）	tiáozhou	24
贴	（动）	tiē	17
停车线	（名）	tíngchēxiàn	29
亭子	（名）	tíngzi	19
投	（动）	tóu	23
头	（名）	tóu	29
头疼	（名）	tóuténg	22
秃头	（名）	tūtóu	21
涂口红		tú kǒuhóng	26
图章	（名）	túzhāng	17
土豆	（名）	tǔdòu	16
拖把	（名）	tuōbǎ	24
拖鞋	（名）	tuōxié	21
脱衣服		tuō yīfu	18

吞	（动）	tūn	20

W

娃娃	（名）	wáwa	30
歪	（形）	wāi	29
玩具	（名）	wánjù	30
王致和		Wáng Zhìhé	16
望远镜	（名）	wàngyuǎnjìng	24
微笑	（动）	wēixiào	22
惟一	（形）	wéiyī	24
卫生	（名、形）	wèishēng	18
喂养	（动）	wèiyǎng	22
闻	（动）	wén	16
文化衫	（名）	wénhuàshān	25
文具盒	（名）	wénjùhé	17
我说话算数		wǒ shuō huà suàn shù	25
握手		wò shǒu	28
乌烟瘴气	（成）	wū yān zhàng qì	25
捂	（动）	wǔ	27
误会	（名、动）	wùhuì	27

X

吸	（动）	xī	20
吸管儿	（名）	xīguǎnr	20
西红柿	（名）	xīhóngshì	16
嘻嘻哈哈		xīxi-hāhā	17
吸引	（动）	xīyǐn	21
洗脸		xǐ liǎn	18
洗印	（动）	xǐyìn	19
洗澡		xǐ zǎo	18
细心	（形）	xìxīn	17

吓	（动）	xià	22
下巴	（名）	xiàba	29
咸	（形）	xián	16
（香）烟	（名）	(xiāng)yān	25
响	（动）	xiǎng	18
项链	（名）	xiàngliàn	26
橡皮	（名）	xiàngpí	17
相片儿	（名）	xiàngpiānr	19
削	（动）	xiāo	27
小便	（动、名）	xiǎobiàn	18
小天使		xiǎo tiānshǐ	22
小腿	（名）	xiǎotuǐ	29
鞋油	（名）	xiéyóu	18
新潮	（形）	xīncháo	28
心理	（名）	xīnlǐ	30
心里痒痒		xīnli yǎngyang	30
心疼	（动、形）	xīnténg	25
信封	（名）	xìnfēng	17
胸	（名）	xiōng	29
靴子	（名）	xuēzi	21

Y

压	（动）	yā	30
鸭舌帽	（名）	yāshémào	21
牙膏	（名）	yágāo	18
牙刷	（名）	yáshuā	18
腌	（动）	yān	16
烟草	（名）	yāncǎo	25
烟囱	（名）	yāncong	25
烟斗	（名）	yāndǒu	25
烟缸	（名）	yāngāng	25

烟鬼	（名）	yānguǐ	25
烟灰	（名）	yānhuī	25
烟头儿	（名）	yāntóur	25
烟瘾	（名）	yānyǐn	25
烟嘴儿	（名）	yānzuǐr	25
颜料	（名）	yánliào	17
严重	（形）	yánzhòng	17
眼镜儿	（名）	yǎnjìngr	24
眼影	（名）	yǎnyǐng	26
砚台	（名）	yàntái	17
杨贵妃		Yáng guìfēi	30
养	（动）	yǎng	30
腰	（名）	yāo	29
吆喝	（动）	yāohe	16
咬	（动）	yǎo	20
夜猫子(猫头鹰)	（名）	yèmāozi(māotóuyīng)	18
医疗	（名）	yīliáo	17
饮料	（名）	yǐnliào	20
印泥	（名）	yìnní	17
拥抱	（动）	yōngbào	28
用处	（名）	yòngchu	24
优点	（名）	yōudiǎn	17
油菜	（名）	yóucài	16
由此可见		yóu cǐ kějiàn	27
游艇	（名）	yóutǐng	19
邮筒	（名）	yóutǒng	17
友好	（形）	yǒuhǎo	23
鱼竿	（名）	yúgān	24
鱼钩	（名）	yúgōu	24
娱乐	（名、动）	yúlè	24
雨衣	（名）	yǔyī	24

玉米	（名）	yùmǐ	16
原价	（名）	yuánjià	30
原来	（副、形）	yuánlái	23
约翰	（名）	Yuēhàn	27
约会	（动、名）	yuēhuì	26
晕倒		yūndǎo	16

Z

站牌	（名）	zhànpái	29
胀	（形、动）	zhàng	20
摘	（动）	zhāi	27
招	（动）	zhāo	23
照镜子		zhào jìngzi	18
照相机	（名）	zhàoxiàngjī	19
折	（动）	zhé	27
枕头	（名）	zhěntou	22
蒸	（动）	zhēng	16
睁眼		zhēng yǎn	18
正常	（形）	zhèngcháng	18
正宗	（形）	zhèngzōng	16
指	（动）	zhǐ	30
指甲刀	（名）	zhǐjiadāo	26
钟	（名）	zhōng	25
种类	（名）	zhǒnglèi	21
粥	（名）	zhōu	16
煮	（动）	zhǔ	16
转身		zhuǎn shēn	21
自动	（形）	zìdòng	19
嘴唇	（名）	zuǐchún	26
醉	（动）	zuì	20
醉翁之意不在酒	（成）	zuì wēng zhī yì bú zài jiǔ	24

·148·

补充生词
Supplementary words

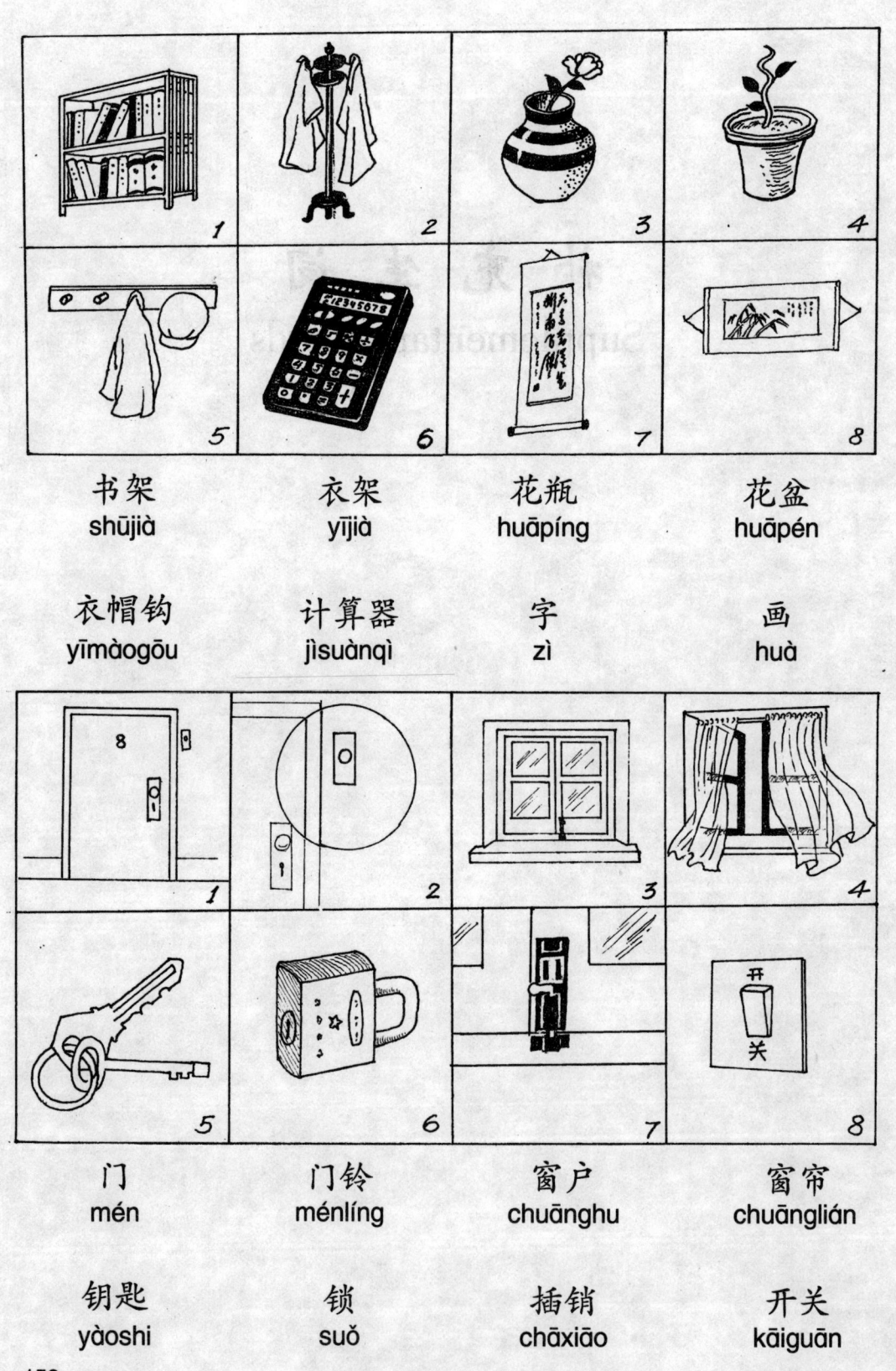

书架 shūjià	衣架 yījià	花瓶 huāpíng	花盆 huāpén
衣帽钩 yīmàogōu	计算器 jìsuànqì	字 zì	画 huà
门 mén	门铃 ménlíng	窗户 chuānghu	窗帘 chuānglián
钥匙 yàoshi	锁 suǒ	插销 chāxiāo	开关 kāiguān

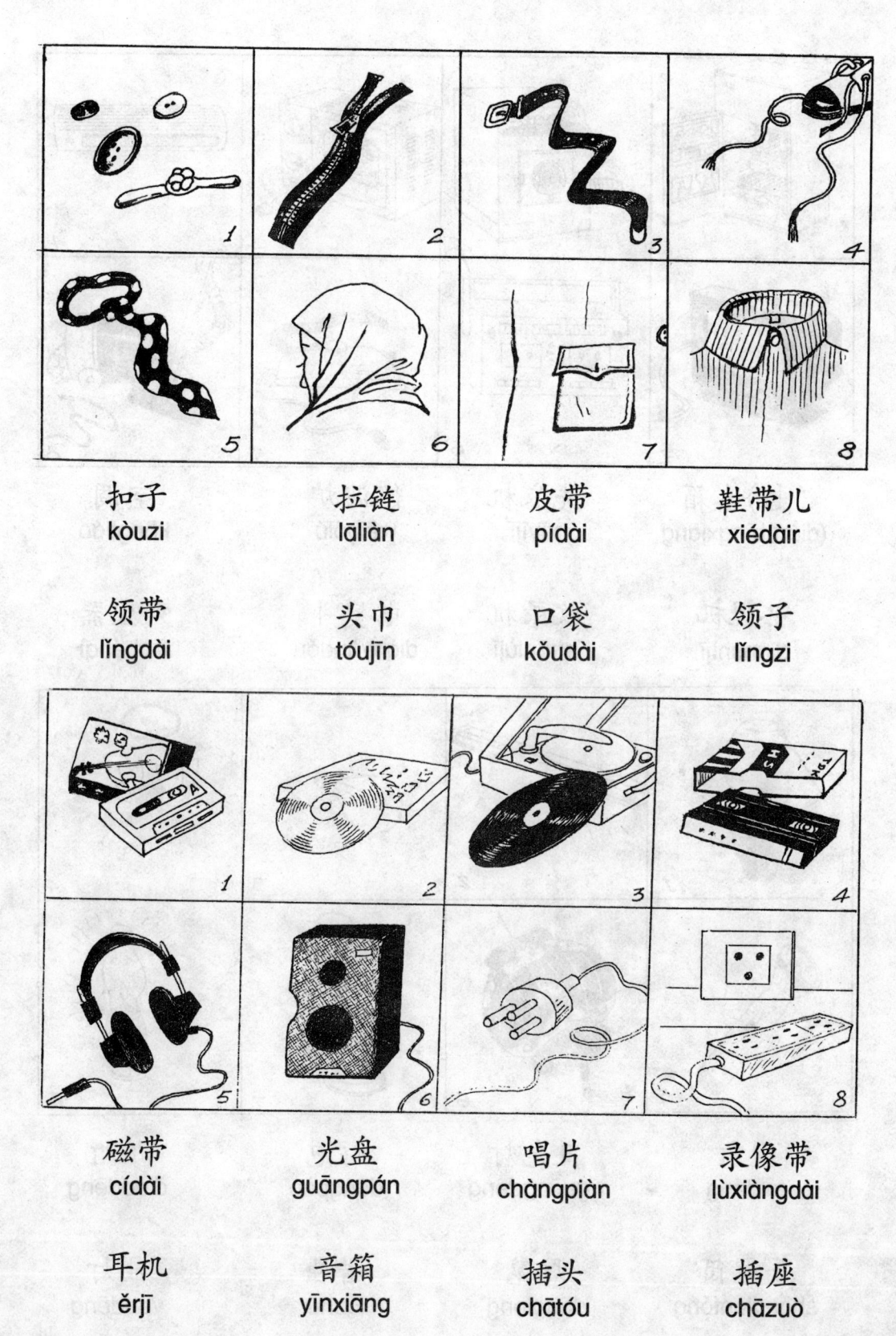

扣子 kòuzi	拉链 lāliàn	皮带 pídài	鞋带儿 xiédàir
领带 lǐngdài	头巾 tóujīn	口袋 kǒudài	领子 lǐngzi

磁带 cídài	光盘 guāngpán	唱片 chàngpiàn	录像带 lùxiàngdài
耳机 ěrjī	音箱 yīnxiāng	插头 chātóu	插座 chāzuò

(电)冰箱 (diàn)bīngxiāng	洗衣机 xǐyījī	微波炉 wēibōlú	空调 kōngtiáo
电视机 diànshìjī	收录机 shōulùjī	电熨斗 diànyùndǒu	吸尘器 xīchénqì
台灯 táidēng	日光灯 rìguāngdēng	灯泡 dēngpào	吊灯 diàodēng
手电筒 shǒudiàntǒng	灯笼 dēnglong	蜡烛 làzhú	油灯 yóudēng

| 锯子 | 斧子 | 改锥 | 尺 |
| jùzi | fǔzi | gǎizhuī | chǐ |

| 榔头 | 剪子 | 钳子 | 刀 |
| lángtou | jiǎnzi | qiánzi | dāo |

| 飞机 | 火车 | 轮船 | 汽车 |
| fēijī | huǒchē | lúnchuán | qìchē |

| 自行车 | 三轮车 | 马车 | 摩托车 |
| zìxíngchē | sānlúnchē | mǎchē | mótuōchē |

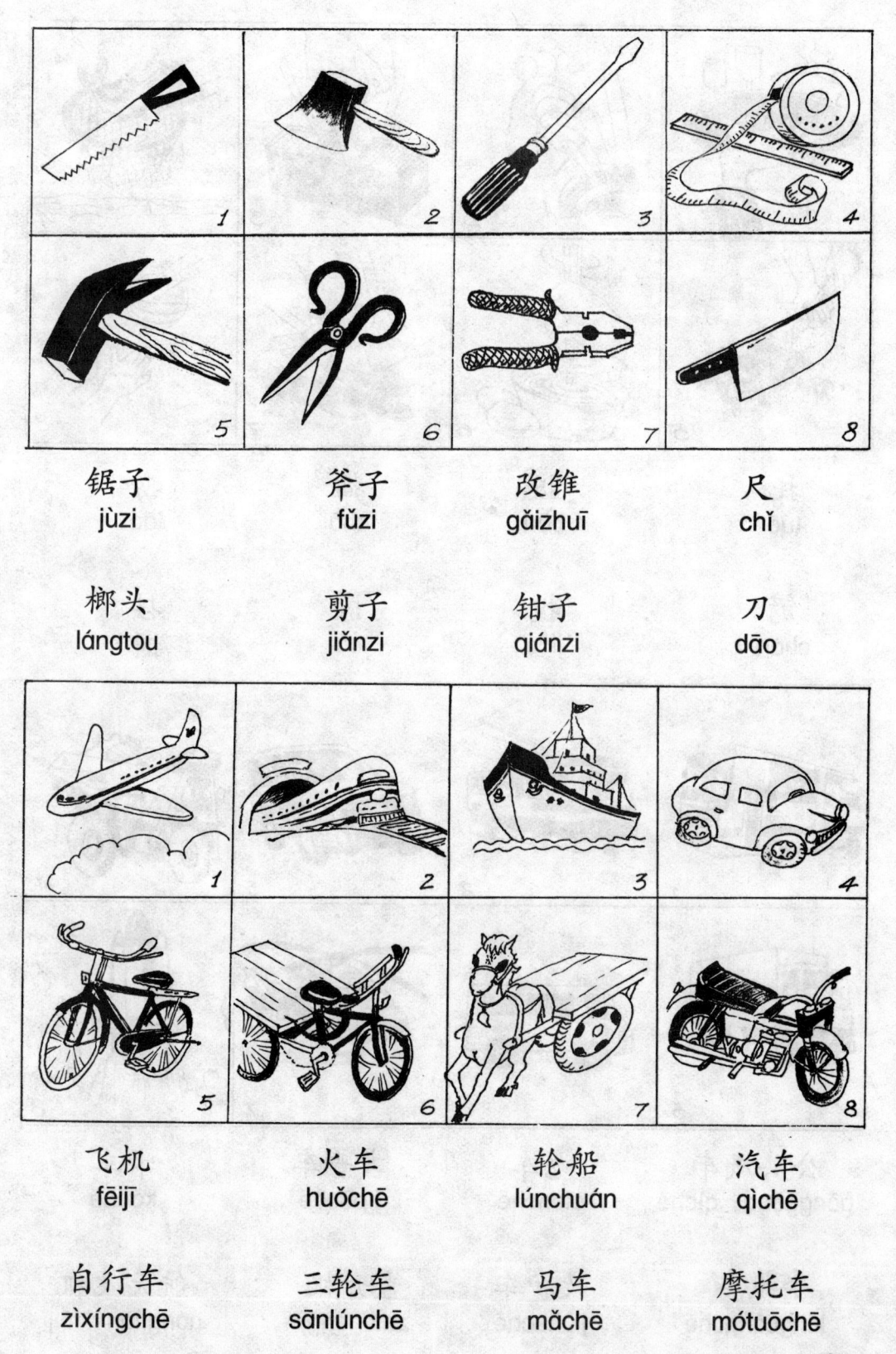

托 tuō	扳 bān	插 chā	捞 lāo
铲 chǎn	搅 jiǎo	擦 cā	接 jiē

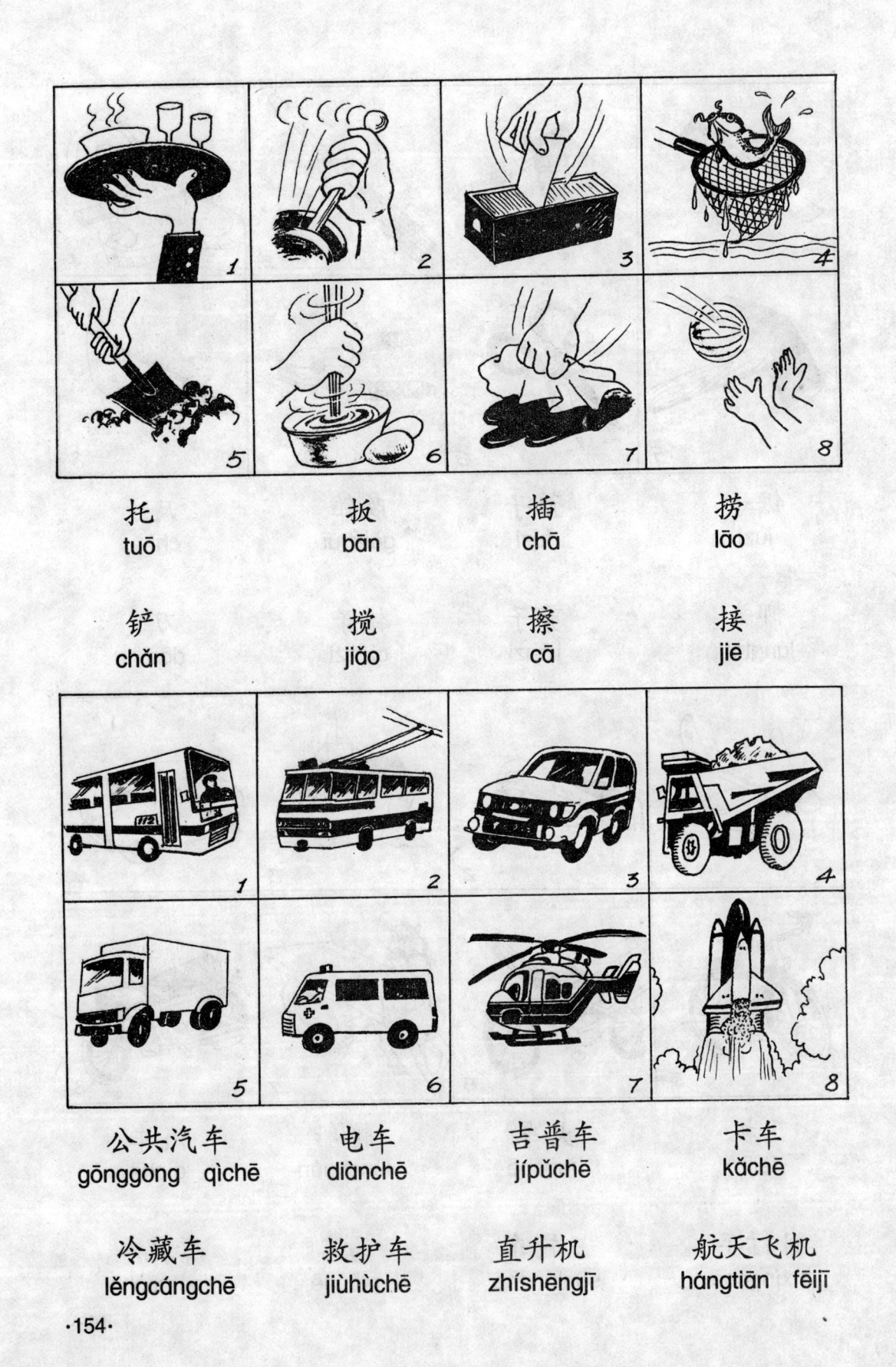

公共汽车 gōnggòng qìchē	电车 diànchē	吉普车 jípǔchē	卡车 kǎchē
冷藏车 lěngcángchē	救护车 jiùhùchē	直升机 zhíshēngjī	航天飞机 hángtiān fēijī

1	2	3	4
5	6	7	8

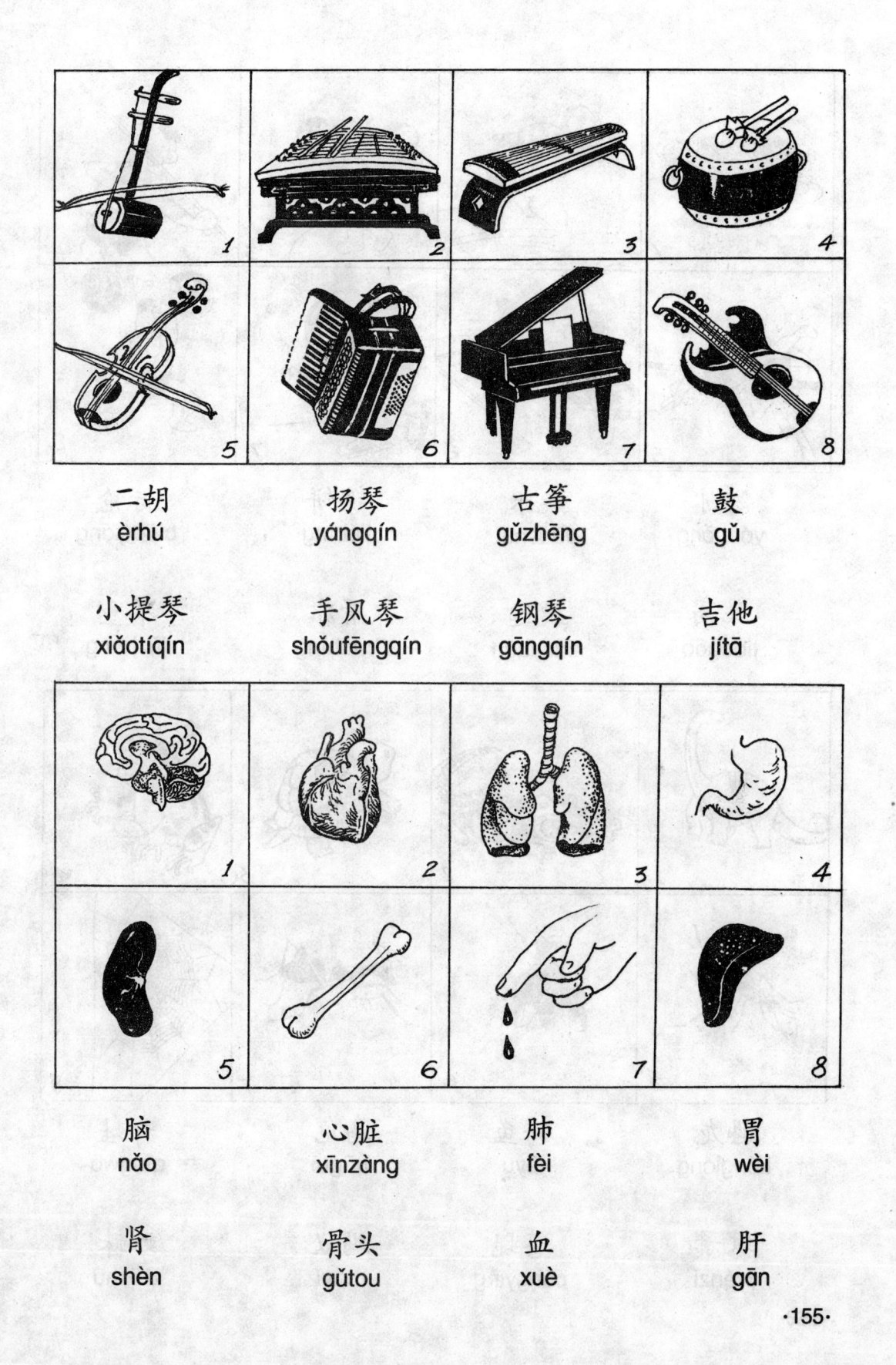

二胡	扬琴	古筝	鼓
èrhú	yángqín	gǔzhēng	gǔ

小提琴	手风琴	钢琴	吉他
xiǎotíqín	shǒufēngqín	gāngqín	jítā

1	2	3	4
5	6	7	8

脑	心脏	肺	胃
nǎo	xīnzàng	fèi	wèi

肾	骨头	血	肝
shèn	gǔtou	xuè	gān

游泳 yóuyǒng	跳水 tiàoshuǐ	铁饼 tiěbǐng	标枪 biāoqiāng
跳高 tiàogāo	跳远 tiàoyuǎn	滑冰 huábīng	举重 jǔzhòng
恐龙 kǒnglóng	鳄鱼 èyú	乌龟 wūguī	青蛙 qīngwā
蚊子 wénzi	苍蝇 cāngying	蚂蚁 mǎyǐ	蜘蛛 zhīzhū

狮子 shīzi	象 xiàng	骆驼 luòtuo	长颈鹿 chángjǐnglù
鲸鱼 jīngyú	鲨鱼 shāyú	海豚 hǎitún	章鱼 zhāngyú

乌鸦 wūyā	鹦鹉 yīngwǔ	鹰 yīng	仙鹤 xiānhè
天鹅 tiān'é	鸽子 gēzi	燕子 yànzi	麻雀 máquè

狼 láng	猫 māo	狐狸 húli	熊猫 xióngmāo
鹿 lù	松鼠 sōngshǔ	猩猩 xīngxing	熊 xióng

手枪 shǒuqiāng	子弹 zǐdàn	步枪 bùqiāng	坦克 tǎnkè
导弹 dǎodàn	火箭 huǒjiàn	炸弹 zhàdàn	原子弹 yuánzǐdàn

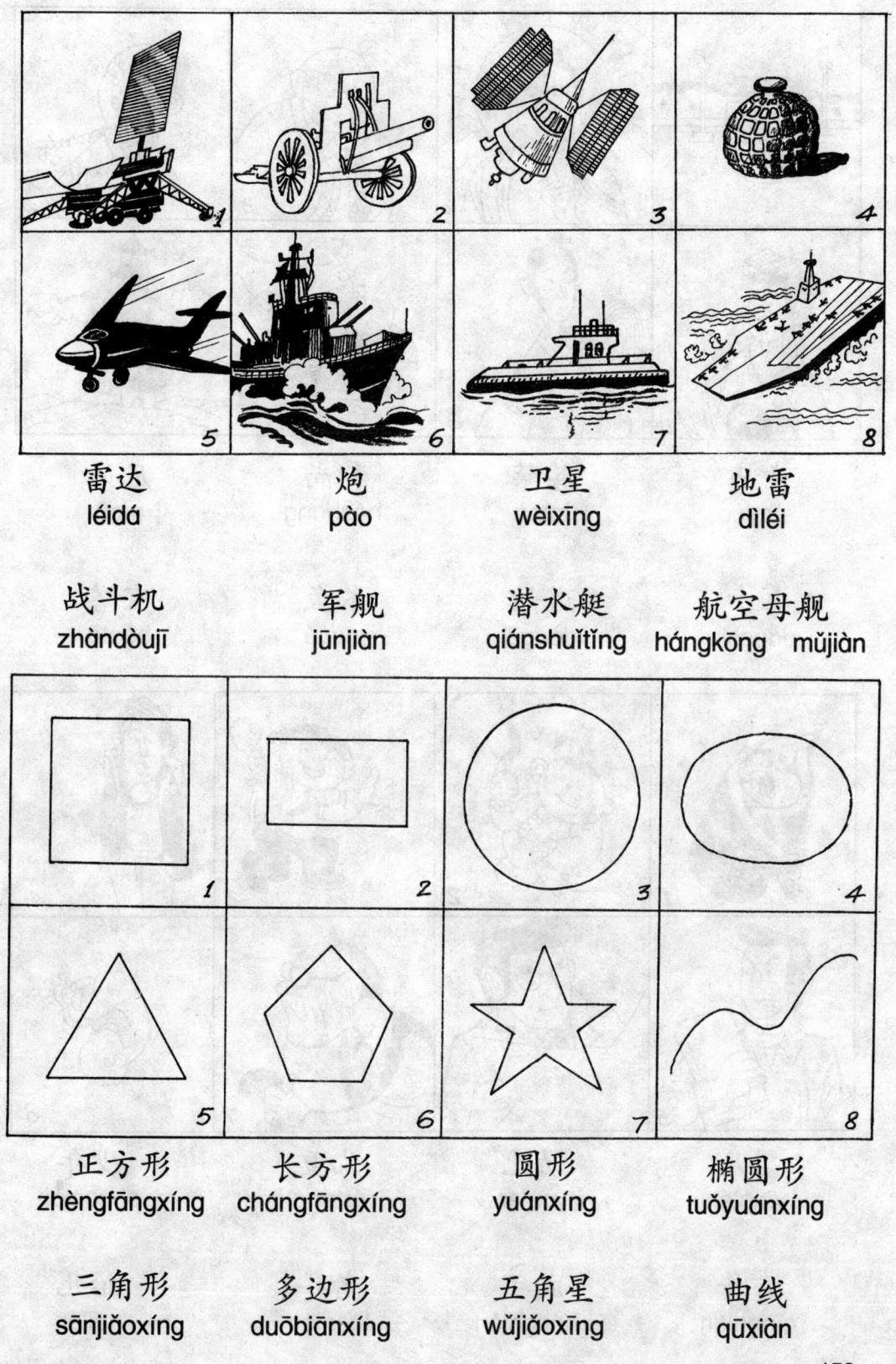

雷达 léidá	炮 pào	卫星 wèixīng	地雷 dìléi
战斗机 zhàndòujī	军舰 jūnjiàn	潜水艇 qiánshuǐtǐng	航空母舰 hángkōng mǔjiàn
正方形 zhèngfāngxíng	长方形 chángfāngxíng	圆形 yuánxíng	椭圆形 tuǒyuánxíng
三角形 sānjiǎoxíng	多边形 duōbiānxíng	五角星 wǔjiǎoxīng	曲线 qūxiàn

·159·

寺庙 sìmiào	菩萨 púsà	和尚 héshang	尼姑 nígū
道士 dàoshi	道姑 dàogū	木鱼 mùyú	宝塔 bǎotǎ

婴儿 yīng'ér	幼儿 yòu'ér	儿童 értóng	少年 shàonián
青年 qīngnián	成年 chéngnián	老年 lǎonián	胎儿 tāi'ér

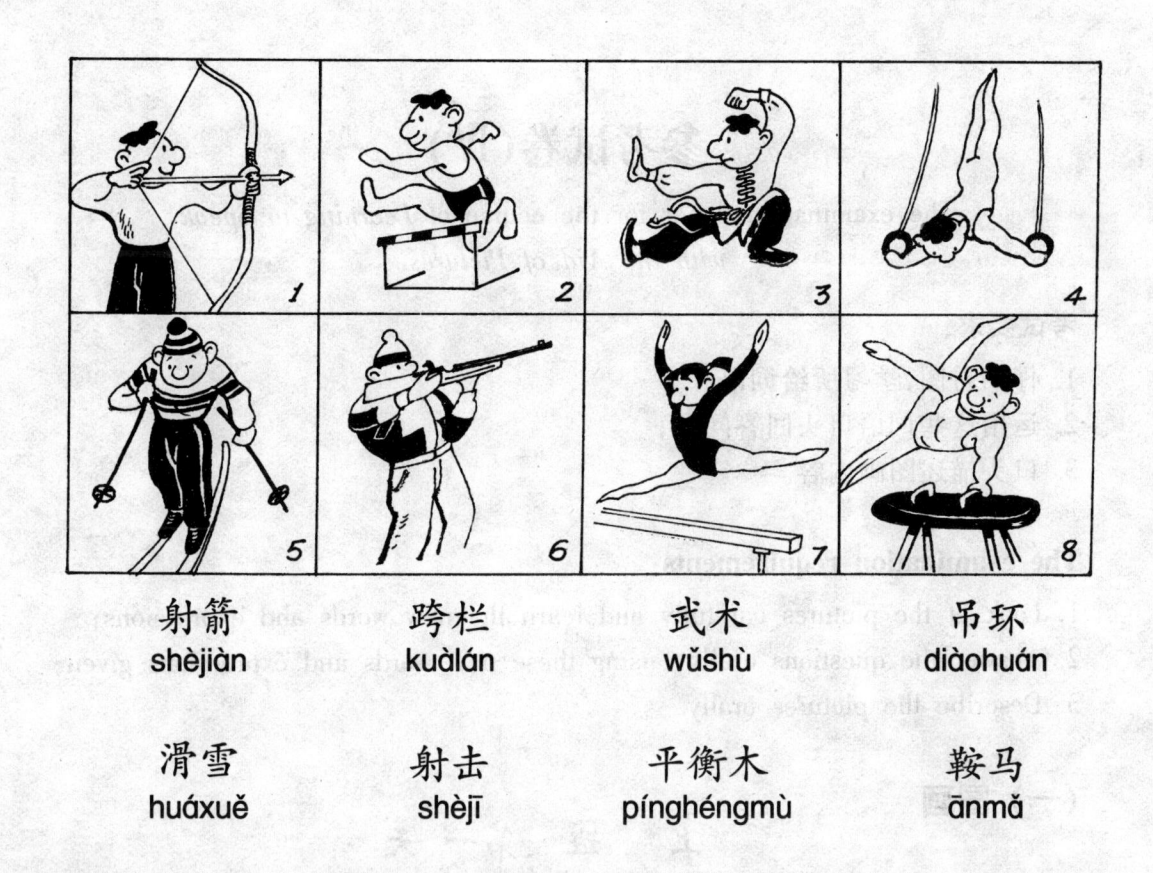

射箭 shèjiàn	跨栏 kuàlán	武术 wǔshù	吊环 diàohuán
滑雪 huáxuě	射击 shèjī	平衡木 pínghéngmù	鞍马 ānmǎ

·161·

参考试卷(Ⅳ)

The examination paper for the course of *Learning to Speak with the Aid of Pictures*

考试要求:

1. 仔细看图,学习所给词语;
2. 运用这些词语口头回答问题;
3. 口头描述图画内容。

The examination requirements:

1. Look at the pictures carefully and learn the new words and expressions;
2. Answer the questions orally, using these new words and expressions given;
3. Describe the pictures orally.

(一) 图画

上 班 第 一 天
Shàng bān dì-yī tiān

（二）参考词语

1. 上班　　　shàng bān　　　go to work
2. 营业员　　yíngyèyuán　　shop employee
3. 盥洗室　　guànxǐshì　　　washroom
4. 洗脸池　　xǐliǎnchí　　　washbasin
5. 水龙头　　shuǐlóngtóu　　water tab
6. 晾　　　　liàng　　　　　dry in the air
7. 发蜡　　　fàlà　　　　　　pomade
8. 类　　　　lèi　　　　　　kind；type
9. 西服　　　xīfú　　　　　western-style clothes
10. 脖子　　bózi　　　　　neck
11. 系　　　jì　　　　　　tie；fasten
12. 领带　　lǐngdài　　　necktie
13. 涂　　　tú　　　　　　paint；spread on
14. 神气　　shénqì　　　　vigorous；impressive
15. 得意　　déyì　　　　　proud of oneself；complacent
16. 老板　　lǎobǎn　　　　boss
17. 同事　　tóngshì　　　colleague
18. 客户　　kèhù　　　　　customer
19. 良好　　liánghǎo　　　fine；nice
20. 印象　　yìnxiàng　　　impression

（三）回答问题

1. 为什么今天是一个令人高兴的好日子？
2. 他在哪儿当营业员？
3. 他为什么要好好打扮一下？
4. 他起床以后去哪儿了？
5. 盥洗室怎么样？
6. 他在哪儿洗脸？
7. 他洗完脸做什么？

8. 洗脸池另一边有什么？
9. 柜子上有什么？
10. 小伙子换上了一套什么衣服？
11. 他脖子上系着什么？
12. 换下来的旧衣服挂在哪儿？
13. 小伙子对着镜子做什么？
14. 他的头发为什么亮亮的？
15. 他看着镜子里的自己，为什么很得意？
16. 他想，今天这身打扮一定会给老板、同事和客户留下一个什么印象？

(四) 看图说话

提示：

这 是 一 个 令 人 高兴 的 日子……
Zhè shì yí ge lìng rén gāoxìng de rìzi……

他 早早 地 起了 床， 走进了 盥洗室……
Tā zǎozǎo de qǐle chuáng, zǒujìnle guànxǐshì……

小伙子 换上 了一套 漂亮 的 西服……
Xiǎohuǒzi huànshang le yí tào piàoliang de xīfú……

小伙子 正 对着 镜子 梳 头……
Xiǎohuǒzi zhèng duìzhe jìngzi shū tóu……

参考试卷(Ⅴ)

考试要求：
（同前）

（一）图画

参观　　野生　　动物园
Cānguān　yěshēng　dòngwùyuán

（二）参考词语

1.	动物	dòngwù	animal
	动物园	dòngwùyuán	zoo
2.	人工	réngōng	artificial; man-made
3.	饲养	sìyǎng	raise
4.	笼子	lóngzi	cage; coop
5.	呆头呆脑	dāi tóu dāi nǎo	dull-looking
6.	野生	yěshēng	wild
7.	野性	yěxìng	wild nature

·165·

8. 状态	zhuàngtài	state; condition
9. 建议	jiànyì	suggestion; suggest
10. 有道理	yǒu dàoli	reasonable
11. 旅游局	lǚyóujú	tourist bureau
12. 到达	dàodá	arrive
13. 安全	ānquán	safe; secure
14. 不得不	bù dé bù	have to
15. 人类	rénlèi	mankind
16. 老虎	lǎohǔ	tiger
17. 大象	dàxiàng	elephant
18. 狮子	shīzi	lion
19. 蟒蛇	mǎngshé	boa; python
20. 狗熊	gǒuxióng	bear
21. 狐狸	húli	fox

（三）回答问题

1. 玛丽和麦克都喜欢什么？
2. 他们常去什么地方？
3. 有一位朋友为什么说动物园里的动物没意思？
4. 他建议玛丽和麦克去哪儿看动物？为什么？
5. 玛丽和麦克觉得这位朋友的建议怎么样？
6. 他们决定做什么？
7. 野生动物园远不远？
8. 他们是怎么去的野生动物园？
9. 他们为什么坐在汽车上的笼子里？
10. 他们坐汽车走了多长时间？
11. 野生动物园里的动物们看见笼子里的玛丽和麦克为什么感到很新鲜？
12. 跑来看他们的都是哪些动物？
13. 这些动物为什么觉得笼子里的"动物"又奇怪又可笑？

14. 玛丽为什么有点儿生气了？
15. 麦克是怎么回答的？

（四）看图说话

提示：

玛丽和 麦克 都 很 喜欢 动物，动物园 是 他们
Mǎlì hé Màikè dōu hěn xǐhuan dòngwù, dòngwùyuán shì tāmen

常去的 地方。有一位 朋友 对 他们 说……
cháng qù de dìfang. Yǒu yí wèi péngyou duì tāmen shuō……

野生 动物园 很 远，他们 先 坐飞机,再 坐
Yěshēng dòngwùyuán hěn yuǎn, tāmen xiān zuò fēijī, zài zuò

旅游局的 汽车……
lǚyóujú de qìchē……

这 是 一个 很 少 有 人类 出现 的 地方，动物们
Zhè shì yí ge hěn shǎo yǒu rénlèi chūxiàn de dìfang, dòngwùmen

看见 笼子里 关着 两 个 人……
kàn jiàn lóngzi li guānzhe liǎng ge rén……

玛丽越 想 越 不 明白，而且 有 点儿 生气了。
Mǎlì yuè xiǎng yuè bù míngbai, érqiě yǒu diǎnr shēng qì le.

她 问 麦克……
Tā wèn Màikè……

参考试卷（Ⅵ）

考试要求：
（同前）

（一）图画

偷猎者
Tōulièzhě

（二）参考词语

1. ……以来	……yǐlái	since
2. 地球	dìqiú	the earth
3. 不断	búduàn	ceaselessly; continuously
4. 减少	jiǎnshǎo	decrease; reduce
5. 环境	huánjìng	environment; circumstances
6. 大肆	dàsì	wantonly; without restraint

7.	捕杀	bǔshā	catch and kill
8.	濒临	bīnlín	be close to; be on the verge of
9.	灭绝	mièjué	become extinct
10.	观念	guānniàn	concept; sense
11.	逐渐	zhújiàn	gradually
12.	接受	jiēshòu	accept
13.	制定	zhìdìng	draw up; work out
14.	法律	fǎlǜ	law
15.	老兄	lǎoxiōng	old chap
16.	无视	wúshì	ignore
17.	偷猎	tōuliè	go hunting stealthily
	偷猎者	tōulièzhě	stealthy hunter
18.	鳄鱼	èyú	crocodile
19.	发财	fācái	get rich
	发一笔大财	fā yì bǐ dà cái	earn a great sum of money
20.	警察	jǐngchá	policeman
	警察局	jǐngchájú	police bureau
21.	逮捕	dàibǔ	arrest
22.	枪	qiāng	gun
23.	犯罪	fàn zuì	commit a crime
24.	证据	zhèngjù	evidence
25.	违法	wéi fǎ	break the law; be illegal
	违法者	wéifǎzhě	the person who violates the law
26.	制裁	zhìcái	punish; sanction

（三）回答问题

1. 动物是人类的朋友吗？
2. 近一百年以来，地球上的动物发生了什么变化？
3. 许多动物为什么濒临灭绝？
4. 什么观念已经逐渐被越来越多的人所接受？

5. 漫画里的这位老兄是什么人？
6. 他偷猎了什么？
7. 他想把鳄鱼肉卖给谁？
8. 他想把鳄鱼皮做成什么？
9. 他为什么想这样做？
10. 警察是什么时候逮捕他的？
11. 他们是怎么走向警察局的？
12. 他犯罪的证据是什么？
13. 谁将受到法律的制裁？
14. 我们应该怎样对待动物？

（四）看图说话

提示：

动物 是 人类 的 朋友，可是 在 近 一百 年 以来，地球
Dòngwù shì rénlèi de péngyou, kěshì zài jìn yìbǎi nián yǐlái, dìqiú

上 的 动物 却 在 不断 地 减少……
shang de dòngwù què zài búduàn de jiǎnshǎo……

漫画 里 的 这 位 老兄 就 是 一个 无视 法律 的
Mànhuà li de zhè wèi lǎoxiōng jiù shì yí ge wúshì fǎlǜ de

偷猎者……
tōulièzhě……

试卷参考答案

（Ⅳ）上 班 第 一 天
Shàng bān dì-yī tiān

这 是 一 个 令 人 高兴 的 日子，小伙子 找到了
Zhè shì yí ge lìng rén gāoxìng de rìzi, xiǎohuǒzi zhǎodàole

工作， 在 一 家 大 公司 当 营业员。今天 是 他 第一
gōngzuò, zài yì jiā dà gōngsī dāng yíngyèyuán. Jīntiān shì tā dì-yī

天 去 上 班，当然 要 好好 打扮 一下。
tiān qù shàng bān, dāngrán yào hǎohāo dǎban yíxià.

他 早早 地 起 了 床， 走进 了 盥洗室。盥洗室 不 太
Tā zǎozǎo de qǐle chuáng, zǒujìnle guànxǐshì. Guànxǐshì bú tài

大， 但是 又 干净 又 整齐。他 在 洗脸池 里 洗完 脸，
dà, dànshì yòu gānjìng yòu zhěngqí. Tā zài xǐliǎnchí li xǐwán liǎn,

关 上 了 水龙头， 把 毛巾 晾 在 一边。洗脸池 另 一
guānshangle shuǐlóngtóu, bǎ máojīn liàng zài yìbiān. Xǐliǎnchí lìng yì

边 有 一 个 柜子，柜子 上 放着 发蜡 一 类 的 东西。
biān yǒu yí ge guìzi, guìzi shang fàngzhe fàlà yí lèi de dōngxi.

小伙子 换上了 一 套 漂亮 的 西服， 脖子 上 系着
Xiǎohuǒzi huànshangle yí tào piàoliang de xīfú, bózi shang jìzhe

一 条 新 领带， 换 下 来 的 旧 衣服 挂 在 旁边 的
yì tiáo xīn lǐngdài, huàn xia lai de jiù yīfu guà zài pángbiān de

墙 上。
qiáng shang.

小伙子 正 对着 镜子 梳 头，头 上 涂了 发蜡，
Xiǎohuǒzi zhèng duìzhe jìngzi shū tóu, tóu shang túle fàlà,

亮亮 的。他 看着 镜子 里 的 自己，觉得 又 帅 又 神气，
liàngliàng de. Tā kànzhe jìngzi li de zìjǐ, juéde yòu shuài yòu shénqì,

·171·

心里 非常 得意。他想，今天 这 身 打扮 一定 会 给
xīnli fēicháng déyì. Tā xiǎng, jīntiān zhè shēn dǎban yídìng huì gěi

老板、同事 和 客户 留下一个 良好 的 印象。
lǎobǎn、tóngshì hé kèhù liúxià yí ge liánghǎo de yìnxiàng.

（Ⅴ）参观 野生 动物园
Cānguān yěshēng dòngwùyuán

玛丽 和 麦克 都 很 喜欢 动物， 动物园 是 他们 常
Mǎlì hé Màikè dōu hěn xǐhuan dòngwù, dòngwùyuán shì tāmen cháng

去 的 地方。有 一 位 朋友 对 他们 说："动物园 里
qù de dìfang. Yǒu yí wèi péngyou duì tāmen shuō:"Dòngwùyuán li

的 动物 是 人工 饲养 的，整 天 关 在 笼子 里，
de dòngwù shì réngōng sìyǎng de, zhěng tiān guān zài lóngzi li,

变 得 呆头呆脑 的，没 什么 意思。你们 要 想 看到
biàn de dāi tóu dāi nǎo de, méi shénme yìsi. Nǐmen yào xiǎng kàndào

动物 原来 的 样子， 应该 去 野生 动物园。 在 那里
dòngwù yuánlái de yàngzi, yīnggāi qù yěshēng dòngwùyuán. Zài nàli

看到 的 可 都 是 真正 野性 状态 的 动物。"玛丽
kàndào de kě dōu shì zhēnzhèng yěxìng zhuàngtài de dòngwù." Mǎlì

和 麦克 听了 朋友 的 建议,觉得 很 有 道理，决定 去
hé Màikè tīngle péngyou de jiànyì, juéde hěn yǒu dàoli, juédìng qù

参观 一 次 野生 动物园。
cānguān yí cì yěshēng dòngwùyuán.

野生 动物园 很 远，他们 先 坐 飞机，再 坐
Yěshēng dòngwùyuán hěn yuǎn, tāmen xiān zuò fēijī, zài zuò

旅游局 的 汽车。为了 安全，玛丽 和 麦克 不 得 不 坐 在
lǚyóuyú de qìchē. Wèile ānquán, Mǎlì hé Màikè bù dé bù zuò zài

汽车 上 的 笼子 里。汽车 走了 三 个 半 小时，才 到达
qìchē shang de lóngzi li. Qìchē zǒule sān ge bàn xiǎoshí, cái dàodá

野生 动物园。
yěshēng dòngwùyuán.

·172·

这 是 一个 很 少 有 人类 出现 的 地方。
Zhè shì yí ge hěn shǎo yǒu rénlèi chūxiàn de dìfang.

动物们 看 见 笼子 里 关着 两个 人，感到 非常
dòngwùmen kàn jiàn lóngzi li guānzhe liǎng ge rén, gǎndào fēicháng
新鲜，于是，老虎、大象、狮子、蟒蛇、 狗熊、狐狸、兔子、长颈鹿
xīnxian, yúshì, lǎohǔ、dàxiàng、shīzi、mǎngshé、gǒuxióng、húli、tùzi、chángjǐnglù
和 猴子 都 跑 过 来，围着 笼子 看 玛丽和 麦克。它们
hé hóuzi dōu pǎo guo lai, wéizhe lóngzi kàn Mǎlì hé Màikè. Tāmen
觉得 笼子 里 的 这 两 个 穿 衣服 的"动物"很 奇怪，
juéde lóngzi li de zhè liǎng ge chuān yīfu de "dòngwù" hěn qíguài,
那个 男人 还 拿着 两 个 圆筒状 的东西 放 在
nà ge nánrén hái názhe liǎng ge yuántǒngzhuàng de dōngxi fàng zài
眼睛 上 看 来 看 去，另一 个 胖胖 的 女人
yǎnjing shang kàn lái kàn qù, lìng yí ge pàngpàng de nǚrén
好像 很 害怕 的 样子，可笑 极 了。
hǎoxiàng hěn hàipà de yàngzi, kěxiào jí le.

玛丽 越 想 越 不 明白，而且 有点儿 生 气 了。她
Mǎlì yuè xiǎng yuè bù míngbai, érqiě yǒu diǎnr shēng qì le. Tā
问 麦克："麦克，咱们 究竟是 来 参观 野生 动物 的，
wèn Màikè: "Màikè, zánmen jiūjìng shì lái cānguān yěshēng dòngwù de,
还是 让 野生 动物 参观 咱们 的 呢？"麦克 笑了
háishì ràng yěshēng dòngwù cānguān zánmen de ne?" Màikè xiàole
笑 说："互相 参观 呗！"
xiào shuō: "Hùxiāng cānguān bei!"

（Ⅵ）偷猎者
Tōulièzhě

动物 是 人类的 朋友，可是 在 近一百 年以来，地球
Dòngwù shì rénlèi de péngyou, kěshì zài jìn yìbǎi nián yǐlái, dìqiú
上 的 动物 却在 不断地 减少， 许多 动物 由于
shang de dòngwù què zài búduàn de jiǎnshǎo, xǔduō dòngwù yóuyú

环境 的 破坏 和 人们 的 大肆 捕杀 而 濒临 灭绝。
huánjìng de pòhuài hé rénmen de dàsì bǔshā ér bīnlín mièjué.

现在, 保护 动物 的 观念 已经 逐渐 被 越 来 越
Xiànzài, bǎohù dòngwù de guānniàn yǐjīng zhújiàn bèi yuè lái yuè

多 的 人 所 接受, 而且 世界 各 国 都 已经 制定了
duō de rén suǒ jiēshòu, érqiě shìjiè gè guó dōu yǐjīng zhìdìngle

保护 动物 的 法律。
bǎohù dòngwù de fǎlǜ.

　　漫画 里的 这 位 老兄 就是 一个 无视 法律 的
Mànhuà li de zhè wèi lǎoxiōng jiù shì yí ge wúshì fǎlǜ de

偷猎者。他 偷猎了 一条 鳄鱼, 想 把 鳄鱼肉 卖 给 餐馆,
tōulièzhě. Tā tōulièle yì tiáo èyú, xiǎng bǎ èyúròu mài gěi cānguǎn,

把 鳄鱼皮 做成 钱包、皮鞋,发 一笔 大 财。可是, 当 他
bǎ èyúpí zuòchéng qiánbāo、píxié, fā yì bǐ dà cái. Kěshì, dāng tā

牵着 鳄鱼 正 打算 离开 的时候, 警察 逮捕了 他。警察
qiānzhe èyú zhèng dǎsuan líkāi de shíhou, jǐngchá dàibǔle tā. Jǐngchá

牵着 他, 他 牵着 鳄鱼,向 警察局 走去。那 条 鳄鱼和 他
qiānzhe tā, tā qiānzhe èyú, xiàng jǐngchájú zǒuqù. Nà tiáo èyú hé tā

肩 上 背 的 枪 都 将 是 他 犯 罪 的 证据。
jiān shang bēi de qiāng dōu jiāng shì tā fàn zuì de zhèngjù.

违法者 一定 会 受到 法律 的 制裁。
Wéifǎzhě yídìng huì shòudào fǎlǜ de zhìcái.